THE WAY OF THINKING
九宫格思考法

胡雅茹—著

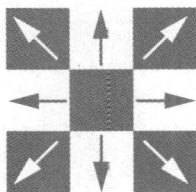

SJ 北京时代华文书局

图书在版编目（CIP）数据

九宫格思考法 / 胡雅茹著 . — 北京 ： 北京时代华文书局，2020.3

ISBN 978-7-5699-3325-3

Ⅰ．①九… Ⅱ．①胡… Ⅲ．①思维方法—通俗读物 Ⅳ．① B804-49

中国版本图书馆 CIP 数据核字（2019）第 279650 号

北京市版权著作权合同登记号 图字：01-2018-0097 号

九 宫 格 思 考 法

JIUGONGGE SIKAO FA

著　　者｜胡雅茹

出 版 人｜陈　涛
选题策划｜樊艳清
责任编辑｜樊艳清
执行编辑｜王凤屏
责任校对｜陈冬梅
装帧设计｜任安然　王艾迪
责任印制｜訾　敬

出版发行｜北京时代华文书局 http://www.bjsdsj.com.cn
　　　　　北京市东城区安定门外大街 138 号皇城国际大厦 A 座 8 楼
　　　　　邮编：100011　电话：010 - 64267955　64267677
印　　刷｜三河市兴博印务有限公司　0316-5166530
　　　　　（如发现印装质量问题，请与印刷厂联系调换）

开　　本｜880mm×1230mm　1/32　印　张｜7.25　字　　数｜205 千字
版　　次｜2021 年 7 月第 1 版　　印　次｜2021 年 7 月第 1 次印刷
书　　号｜ISBN 978-7-5699-3325-3
定　　价｜42.00

全面训练脑力的实用方法

这是第二次帮胡老师写序。距上回胡老师出版新书才短短几个月的时间，她的新作《九宫格思考法》就已经送到我手中了，胡老师教导学生有效地学习，胡老师自己也非常有效地创作。

为了很快了解胡老师这本《九宫格思考法》的内容，我试着用书中介绍的螺旋顺时针排列法，将本书的重点整理成下页的图，我发现九宫格思考法真的很好用，它让我在短时间内就能掌握到书中介绍的重要内容，也能在短期内学习到书中的精髓，希望这张图也能协助所有读者以先见林再见树的方式进入曼陀罗九宫格的殿堂。

曼陀罗是一种原生于印度的花，也是佛教对天圆地方宇宙模型的呈现方式，而曼陀罗思考法即是运用类似曼陀罗的图形作为图像思考启发的工具。九宫格是曼陀罗思考法最常呈现的工具，胡老师特别要澄清曼陀罗思考法不只是九宫格，它可以以各式各样的图样呈现，而且可以用在不同的领域。

胡老师这本书不但讲心法，也介绍工法，先简单介绍曼

		读者可以用来规划建立人脉网络、设定目标，可以用来当日程表，可以用来协助记笔记、拟订简报及企划的大纲，更可以用来做创意的训练
胡老师把曼陀罗称为东方的思维导图；将思维导图称为西方的曼陀罗，两者都是简单有效的创意思考法	它可以运用放射型排列进行水平思考、运用螺旋顺时针排列进行垂直思考，也可以是十字型排列的八段论法	
曼陀罗思考法可以导引水平思考加上垂直思考让思考过程可视化	《九宫格思考法》——胡雅茹老师又一训练脑力的实用工具书	为了方便读者的应用，书中教大家不同类型、用途的曼陀罗表格设计方法
日本顾问大师今泉浩晃研发笔记学来训练脑力	曼陀罗是一种原生于印度的花，也是佛教对天圆地方宇宙模型的呈现方式	胡老师希望所有读者都能活用曼陀罗思考法以达到"快速学习、聪明运用、快乐生活"的目的

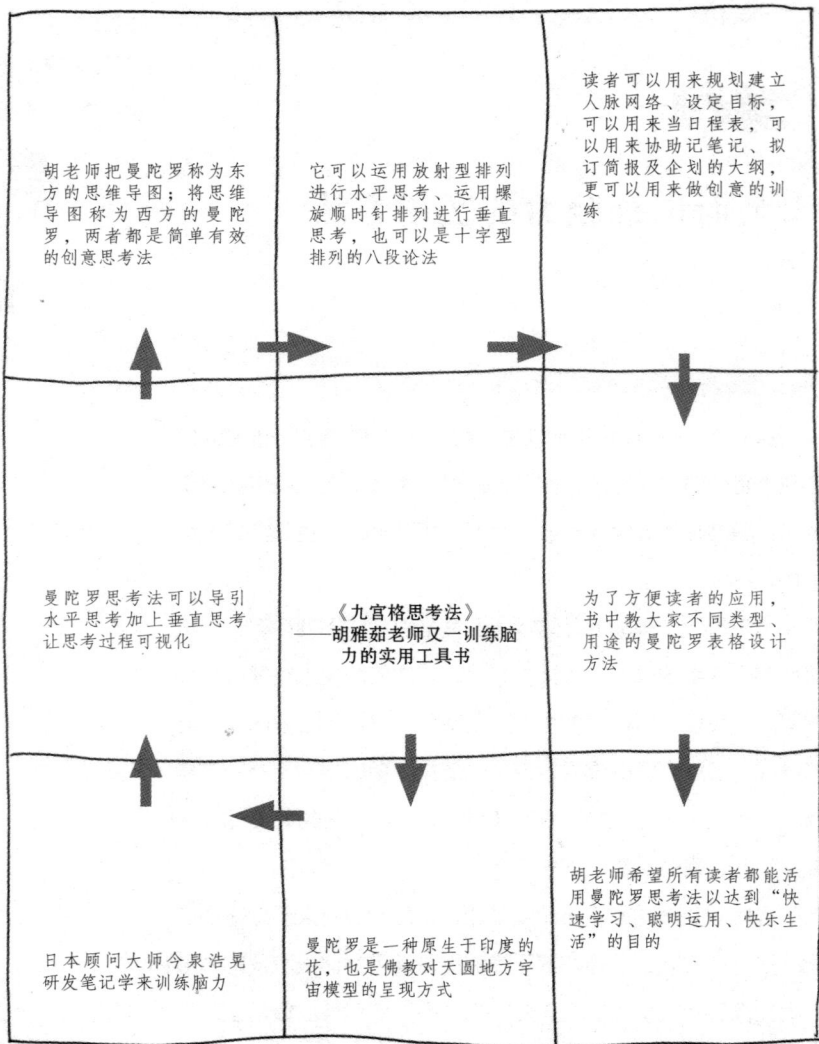

▲ 了解本书重点：胡雅茹老师又一训练脑力的实用工具书

陀罗九宫格思考法的基本观念，再说明运用的方法，让读者不只能"知道"，还能活用。胡老师把近十年来自己运用曼陀罗思考法的心得及学员反馈的意见整理成书，可想而知这肯定是一本很实用的工具书。胡老师将曼陀罗称为东方的思维导图，将思维导图称为西方的曼陀罗。由此，我们可以知道，曼陀罗和思维导图一样，可以训练水平思考与垂直思考，它们都是简单有效的创意思考法，和发明问题解决理论（TRIZ）里的九宫格问题分析思考法一样，可以同时从时间和空间展开思考，可以运用放射形排列进行水平思考、运用螺旋顺时针排列进行垂直思考，也可以是十字形排列的八段论法，林林总总的用法让它都能以结构化的方式，帮助使用者显示思考的逻辑。

本书的重点在于运用实例的介绍，读者可以借以规划建立人脉网络、设定目标，将其作为日程表或协助笔记，拟订简报及企划大纲。这些书中都有实例可供参考。胡老师希望所有读者都能活用本书以达到"快速学习、聪明运用、快乐生活"的目的。

联华电子前副总经理　吴英志

曼陀罗九宫格思考法是智慧的结晶

一、让我从"知道"到"跨界运用"

美国华尔街的传奇大师霍华德·马克斯提出：要有卓越的投资成果，就要进行第二层思考。第一层思考是反射性的思考，第二层思考就是深入思考。深入思考很费脑力，所以多数人不愿意深入思考，就算愿意也不见得能立即做到。能深入思考的人，外在展现出一种"通达事理"与"洞见"的智慧。

这几年来在课堂中，我常用下页这张图来表示"智慧"养成的过程。

发现了吗？过去的学校测验都是在讲"资料①""资讯②"，大多数的考试也只是在测试你是否"知道"。过去几

---

① 资料：在社会科学中，指研究者对社会现象的某些事实所做的记录。在计算机中指一切数值、记号和事实的统称。通常指未加以处理者。

② 资讯：泛指一般资料和信息，在计算机中指对用户有用的资料和信息的总称，以别于未经处理过的资料。

资料 → 资讯 → 知识 → 聪明 → 智慧

知道　整理　做到　学到　跨界

阅读听课　笔记　　运用　通达事理

洞见

输入 ⇄ 输出

记住　　回忆

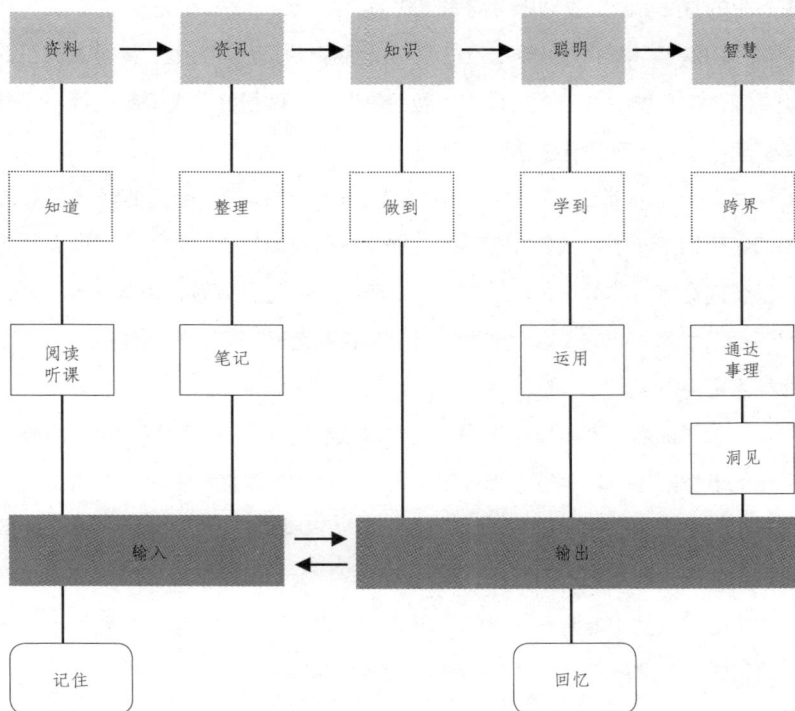

▲智慧养成过程

知识管理：管理你"专业"的那一块。

从A到A⁺（从优秀到卓越）：没有达到优秀就无法进入卓越领域。

年很多人高喊知识管理，但做的都是管理"资料""资讯"，都是属于"知道"领域的管理。管理"资讯"，只是延续学校教育——让学生写作业与考试——的方法，缺乏长期思考与思辨的训练。

"知识①"来自"做到""使用"，也就是执行后的经验，这才是真正的知识来源。但是能"做到"不代表"做得好"，"做得好"就表示已经不需要依样画葫芦地做，而是能独立地去运用。

成为上班族后，公司老板通常不管我们怎样学习，而是要求我们直接将知识运用到工作中。我曾经在我的一些著作里讨论过"聪明"与"智慧"的差异。我们通常会称赞考试成绩好的人聪明，而不是有智慧。智慧来自学习。学习不是以学习时间的长短跟结果的优良与否来论断好坏，而是通过过程的正确性与否来评估学习好坏的。

所以"知道"不能让你更好，只有"做到"才会让你更好。学习应该提升自己的思考能力。思考能力提升了，自然什么学科都能学得好。有智慧的人，自然也就是个聪明人。这几年社会风气倾向于强调高学历是基本条件，许多企业将招聘的最低学历定为硕士，但十多年来社会新闻中陆陆续续出现一些高学历、聪明的人做出低智慧的事情。因此，"聪明"和"智慧"是两种不一样的学习目标。九宫格思考法，可以满足这两种目标需求。

二、让我从"小C"到"大C"

创意，只是一个点子（idea）。想要让自己有创意，就要不断、不断、不

---

① 知识：学问、所知道的事理。

断地"试图发掘别人从未做过的事"。

我们要的是创造力，创造力是创意加上可用的方法，一定要"做出点什么"才行。光有点子，却做不出来，也没有意义。

我喜欢李奥贝纳集团执行长暨大中华区总裁黄丽燕说的这段话："当你不是CEO时，你最主要的责任是'让它发生'；若你是CEO，你要判断'要不要让它发生'。"

创意（creativity），可以分成"大C"跟"小C"。毕加索说："伟大的艺术家用偷的，好的艺术家用抄的。"假设别人用黄金来做，我们就降低制造成本而改用银来做，并且做出来的东西要跟别人没有什么差别，这仅是一种改良，是"小C"。

智慧的展现之一是通达事理，是"大C"，是跨领域的思考。索尼最早开始量产随身听，组合了耳机与音响，改变了听音乐的方式。乔布斯推出iPod，又改变了随身听的运作方式与音乐储存方式，这就是毕加索说的"偷"。

在企业内训的创意训练课程中，我举了各种不同于该公司专业领域的"大C"例子，在课程结束后的提问环节，会有人直接问我："你举了很多的例子，也讲了很多方法，请问我的工作该怎么发挥创意？"

你听出这些人的问题核心了吗？

这些人一直把自己的思考层次放在毕加索说的"抄"，难怪无法发挥创意。要发挥"大C"，就必须有"不断试图发掘别人未做过的事"的心态。

从事教育训练行业近二十年，曼陀罗九宫格思考法是我当初接触脑力训练时学习到的第一个方法。当时台湾地区开始重视来自西方的思维导图，思维导图比九宫格思考法容易上手，于是常作为脑力训练课程中重要的工具。

早期我担任全脑学习师资班的老师时，多是担任思维导图教学的主考官，我最喜欢考一个问题：思考法与思维导图有何不同？

历届师资班的学生，不管是硕士还是博士，不管是高级主管还是刚踏入社会的新人，不管是擅长理工的工程师还是擅长文科的行政助理，都在我这一关打了一场败仗。

于是，有聪明的师资班学生开始私下问我答案，我都回答："曼陀罗等于东方的思维导图，思维导图等于西方的曼陀罗。"于是这个"标准答案"就由这些学长学姐教给学弟学妹。下次通关考试时，就有师资班学生依样画葫芦地回答我，然后我再问他："曼陀罗与思维导图的相同点是什么？相异点是什么？"

师资培训班的学生又全数吃了一场败仗！过不了关的师资班学生私下称我是一个"杀手级"的主考官。这也不能怪我啊，谁叫这些学生只是抄袭，缺乏深入思考。

虽然九宫格思考法是我在全脑学习领域的第一个方法，但我却无法先出版这本书，因为：

1.曼陀罗九宫格思考法变化太多端了。它是文字，亦是图像的思考。

2.它可以坚持固有的形式，也可以完全摆脱刻板形式。

3.要把抽象的概念、交互式的教学内容，用固定的文字清晰地写出来，是一件艰难的事。

4.曼陀罗九宫格思考法是佛教宇宙观的呈现，要掌握它光是曾经学过或是拥有高人一等的学历还远远不够，若无一定的社会经验是难以体验其中的精妙之处的。

5.我不想写一本理论书，我想读者应该会想知道怎么将曼陀罗九宫格思考法运用在生活中。

当年的我，仅学到九宫格思考法如何启发创意思考，这二十年来我把它自行运用在生活的方方面面，进而把心得转化成教学内容，运用在各种课程中，并得到学生不断给予的正向回馈，现在的我，才敢战战兢兢地把各种运用方式写下来出版成书，分享给大家。

心法是讲观念，工法是讲方法，是一种工具。《九宫格思考法》讲心法，也讲工法，它是一本工具书、操作手册，也是一种大脑的应用软件，购买这本书的人，可以先阅读你现在需要运用九宫格思考法的部分，照书中的做法将它运用在生活与工作中。至于其他部分，就等以后有需要时再翻阅。

同时，我希望这不仅是一本工具书，还是一本结合大脑运用与训练，让大家能通过持续使用"曼陀罗九宫格思考法"来加强大脑竞争力的书。

有一次举办"从书中找到快乐人生"的读书会时，一个临时过来旁听的人对当天讨论的那本书提出了很多观点，他觉得书中最重要的是有关情绪的部分，但那本书却没有把怎样控制情绪的内容讲清楚，因此他觉得那本书写得不够好。当时我的回答是：一本书也不过是几百页而已，如果我们希望只看一本书就能得到所有问题的解答，这样就太奢求了。每一个人适用的解决方法不一样，每一本书都是为了让我们发现自己的不足，建立正确的心法，接着就要靠我们自己去对症找各种心法、工法试试了。

曼陀罗九宫格思考法运用范围广泛，是一种图像思考的能力，我仅是一个脑力教练，希望在此抛砖引玉，引发或是启发大家能多多思考出它的各种不同的用法。

自从获得中国教育学会一等奖后，我深感教育的论点与方法是因时、因地、因脑科学研究的新发现而改变的，于是我持续搜集各种最新的脑力知识与信息，放在网站（www.thinksmart.com.tw）上分享给大家，若有任何运用上的问题或是学习心得，欢迎来信分享。

下页是用曼陀罗九宫格思考法的概念绘制出来的图形，希望各位都能全面提升自己的竞争力。

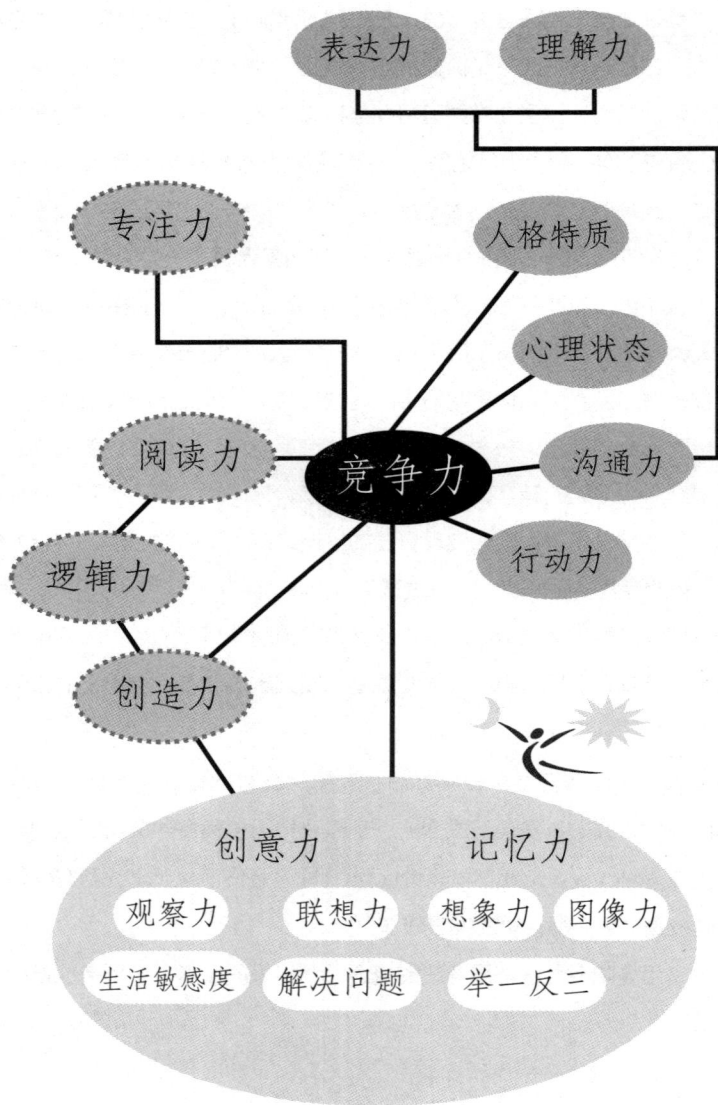

表达力　理解力

专注力

人格特质

心理状态

沟通力

阅读力　竞争力

行动力

逻辑力

创造力

创意力　记忆力

观察力　联想力　想象力　图像力

生活敏感度　解决问题　举一反三

▲曼陀罗思考法帮你加强脑力、提升竞争力！

曼陀罗九宫格思考法的常见问题

一、曼陀罗九宫格思考法，能否帮助我完全发挥大脑功能

我用一个例子说明：Word软件在每套Microsoft Office办公系统中都有，却不是每一个人都能将Word软件的功能发挥得淋漓尽致，原因在于使用者无法经常使用、用心使用、正确使用。

我在"作者序"中提到《九宫格思考法》是一本工具书，其实更严格来说它应该是一本使用说明书或是操作手册。因为曼陀罗九宫格思考法如同一种计算机应用软件，应用软件要发挥用处还需要脑中的知识，我们可通过曼陀罗九宫格，把脑中的数据重新整理规划成容易使用的输出结果。

二、曼陀罗九宫格思考法是一套什么样的软件包

我期许各位不仅是一个软件的用户，还是通过经常使用曼

陀罗九宫格思考法而精进成为一个软件程序设计师的用户，懂得如何为自己量身定做符合自己需求的曼陀罗使用方式。

以下就是我目前运用曼陀罗九宫格思考法来解决的问题：

整理思绪——自我审视、自我了解、行程安排、工作进度、人脉网络、
　　　　　笔记技巧

深入思考——企业管理、经营管理、职业规划、目标设定、企业诊断

创意启发——营销规划、活动企划、商品开发

沟通互动——协调交流、问题解决、聚焦与凝聚共识

三、为什么"九宫格思考法"也被称为"曼陀罗思考法"

"九宫格的曼陀罗"是最常见的形式，可能是由于日本人今泉浩晃所推广的Mandal-Art太成功了，大家反而不知道曼陀罗不只是九宫格。

曼陀罗在藏传佛教中为"天圆地方"的概念，本身可以展现为圆形排列或是方格排列方式，自然也可以将曼陀罗的概念延伸，形成不规则状的表现方式。使用纸张的大小，依内容来决定，我个人比较喜欢用A4[①]或B5尺寸，因为这两种大小的白纸最容易取得。

---

① 用常见的 A4 空白纸来书写，不会受到传统笔记横线的干扰，容易让思考自由发散，也被日本人称之为"A4 思考法"。

▲九宫格的曼陀罗

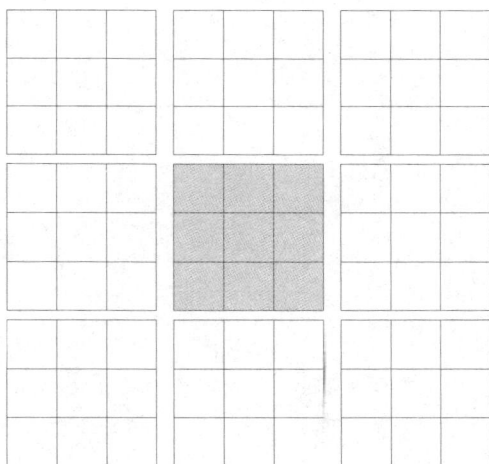

▲九×九：八十一宫格的曼陀罗

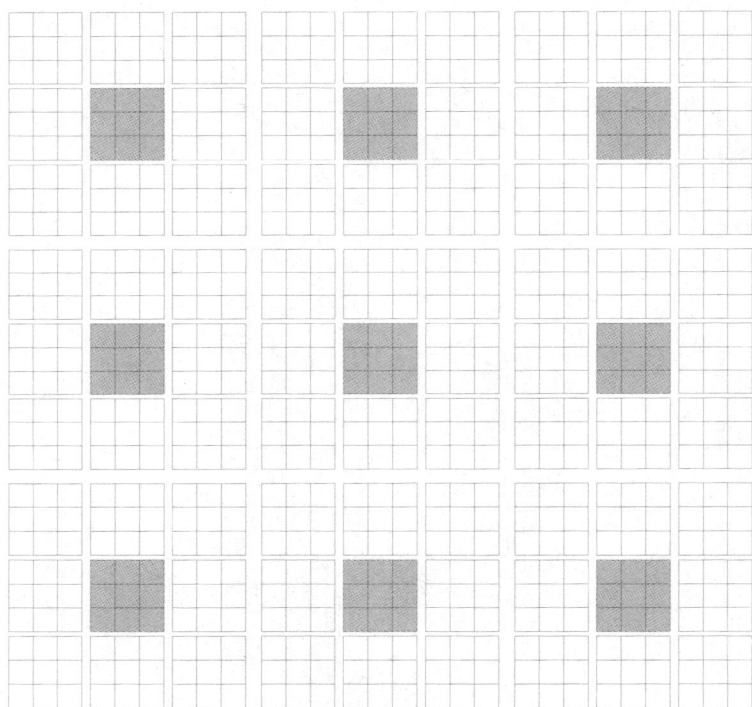

▲九×九×九：七百二十九宫格的曼陀罗

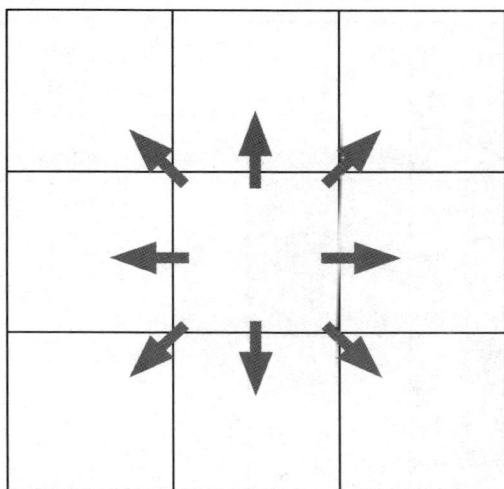

▲ "放射形排列"的曼陀罗

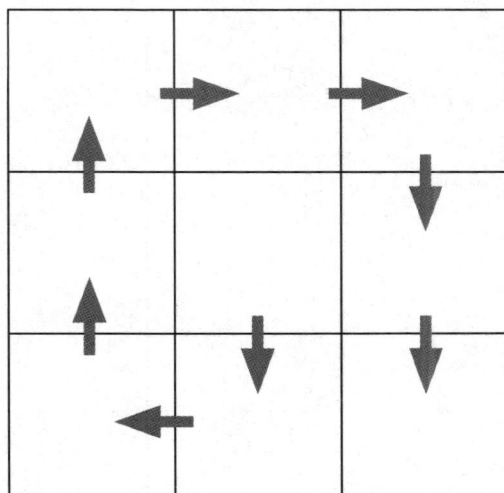

▲ "顺时针排列"的曼陀罗（日文"の"字的顺序）

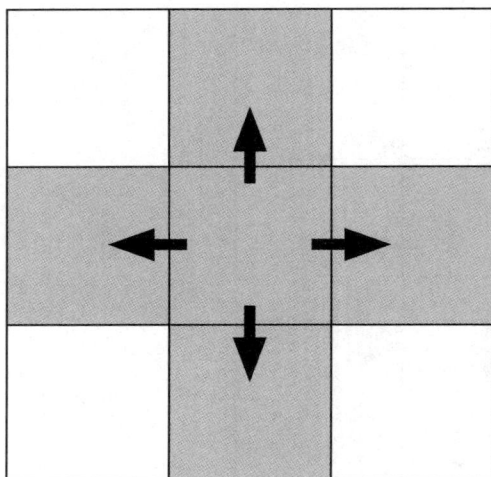

▲ "十字形排列"的曼陀罗

舌 （味觉）	身 （触觉）	意 （意义、含义）
鼻 （嗅觉）		天 （时间概念）
耳 （听觉）	眼 （视觉）	地 （空间概念）

▲ "八种思考角度"的曼陀罗

Who（人）	What（事、物）	When（时）
Where（地）	**重点**	Why（原因）
How（如何进行、什么方法）	How many How much（有形与无形成本）	**个人心得**

Who（人）	What（事、物）	When（时）
Where（地）	**重点**	Why（原因）
How（如何进行、什么方法）	Why（结果）	**个人心得**

▲ "5W2H笔记法"的曼陀罗（不规则排列）

目 录

Part 1 | 什么是曼陀罗九宫格思考法？

第一章

曼陀罗九宫格思考法的由来

一、名称起源

"曼陀罗"的英文单词"Mandala"是由"manda"和"la"组合而来。

"manda"是本质、真髓、了悟、已成就的事物。

"la"是得、所有、成就所有。

"Mandala"一词的意思就是"获得本质"或"具有本质之物"。"Mandala"音译，藏密中也称之为"金廓""曼札"，本义是"坛""坛场""坛城""中围"，指密宗本尊道场的图画或是佛的宫殿，含义十分丰富，有"圆轮""发生""揽摇""精粹""聚集"等不同释义，也代表"神圣圆轮""圆轮众德""圆轮具足""发生诸佛"，借喻佛大彻大悟的境界。只要在曼陀罗中间进行法事，就能聚集十方三世圣于其中。"曼陀罗"这个词，可以指以下内容：

·古印度供奉神的地方，俗称"坛城"。

·描述诸佛悟道的图，俗称"唐卡"。

· 古印度城邦都市设计图。

· 个人实践修行图。

· 众生皈依、供奉、深入教化的地方。

· 佛与人沟通的桥梁，是"现实世界"与"圣方诸佛"一体化的场所。

· 从大宇宙到人体小宇宙，具体而微的图。

· 人世间所蕴含的真理智慧。

"曼陀罗"由约1500年前的藏传佛教（密宗）用于冥想与仪式中，也是西藏佛教中的一种艺术。

"Mandala"是古梵文的英文音译，中文翻译为"曼陀罗"。日文汉字写法是"曼荼罗"，日本设计顾问大师今泉浩晃再将此汉名音译回英文的"Mandal"。

佛教曼陀罗的表现形式就是一幅图像，圆形没有开始也没有结束，象征宇宙是超越时间的。曼陀罗是佛教真理的一种象征，用来称呼人类"现实世界"与"圣方诸佛"融合为一体的场所，也用来称呼天体大宇宙与人类体内微宇宙相互汇集的艺术极品，多数呈现圆形的世界观。

目前全世界的曼陀罗图谱一共有四五十种，多数在印度、尼泊尔、中国西藏庙宇的墙壁上被发现，最负盛名的有两种：胎藏界曼陀罗及金刚界曼陀罗，如今均已完整保留在日本长谷寺中。

胎藏界曼陀罗起源于公元七世纪前半段之印度，由大日经衍生而来，代表的是神佛的世界，称之为"理"，核心为大日如来，主要是彰显智慧的本质，表示真理之神不断地教导人类。胎藏界曼陀罗是由中央向外扩张，形成上下四重天、左右三重天，故称四重曼陀罗或三重曼陀罗。

金刚界曼陀罗（金刚九会曼陀罗）起源于公元七世纪后半段之印度，由金刚经衍生而来，代表的是人间的世界，称之为"智"，核心也是大日如来，主要是昭示众人之开悟，表示人类为了追求真理，持续不断地努力，由外向内凝

▲ "曼陀罗（沙坛）图"

表现出佛教宇宙观，如同中国文化"天圆地方"的概念，也呈现方圆两种形式。

北

四印会	一印会	理趣会
供养会	成身会	降三世会
微细会	三昧耶会	降三世三昧耶会

西　　　　　　　　　东

南

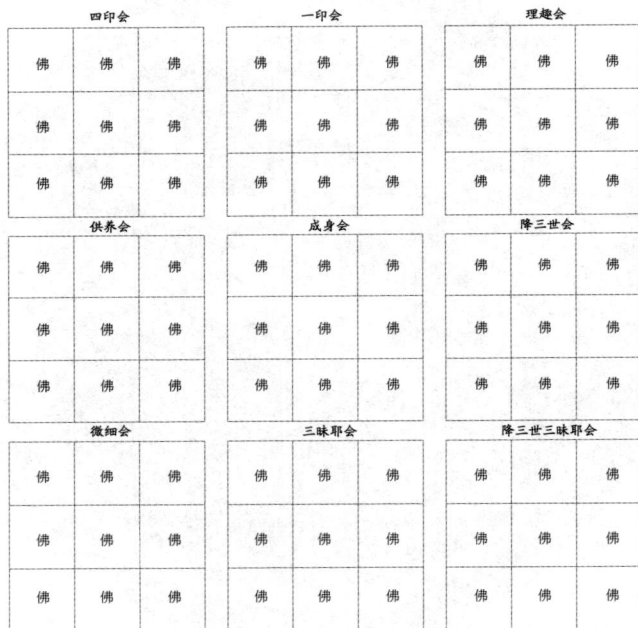

四印会

佛	佛	佛
佛	佛	佛
佛	佛	佛

一印会

佛	佛	佛
佛	佛	佛
佛	佛	佛

理趣会

佛	佛	佛
佛	佛	佛
佛	佛	佛

供养会

佛	佛	佛
佛	佛	佛
佛	佛	佛

成身会

佛	佛	佛
佛	佛	佛
佛	佛	佛

降三世会

佛	佛	佛
佛	佛	佛
佛	佛	佛

微细会

佛	佛	佛
佛	佛	佛
佛	佛	佛

三昧耶会

佛	佛	佛
佛	佛	佛
佛	佛	佛

降三世三昧耶会

佛	佛	佛
佛	佛	佛
佛	佛	佛

▲金刚界九会曼陀罗

　　这里仅列出两个层次（两重）八十一个宫格，实际上在成身会又可以细分成好几重的九宫格，其他的也是如此。①

———————

① 　金刚界九会曼陀罗实际表现出的有七重以上，这里仅举例到第二重，实际图形请见《唐卡中的曼荼罗》（吉布、杨典著，达观出版社）。

聚、聚焦思考的趋势十分明显。

在曼陀罗中白色大日如来代表宇宙绝对的真理，黄色宝生佛代表真理的普遍性，红色无量光佛代表真理的慈悲性，绿色不空成就佛代表真理的行动性。菩萨是启发人类智慧的化身，并非要人类一味地顶礼膜拜。整体上的设计是中央有一大佛端坐，四周环绕众多佛像以有次序的、几何状方式排列，表达"世间万物皆有佛性，所以事物都有其存在的道理"。

不通过文字而是通过可视化的图像来阐述世界真理，协助众人进行观想，观想曼陀罗图时由中心向四面八方扩散，亦可由外侧向内挖掘事物本质的深度及宽度。

密宗通过曼陀罗观想的过程，加入时间概念形成四次元世界，再加入内心世界就形成五次元世界。曼陀罗将人的五个意识：感觉、思考、自我、潜在、无垢组合成金刚。故曼陀罗是"转识成智"，把知识变成智慧的一种工具。①

二、演变过程

佛教密宗传入日本后，曼陀罗思想也影响了日本人的生活，观想曼陀罗成为一种探求身心状态与内心世界的工具，精神科医生把曼陀罗绘画用于精神病患与一般民众的心理治疗上，日本的正木晃教授以曼陀罗绘画方式，研发出一

---

① 曼陀罗表现出时轮金刚的意义，时轮金刚是梵语 kalachakra，字义为"时间之轮"，kala 是时间，指过去、现在、未来所有事件的流动。chakra 是时间轮，不只是时间的循环，还是一种悟道的大乐经验。曼陀罗艺术有以彩沙进行宗教仪式时所呈现的"沙坛"（也称之为曼荼罗），有以刺绣呈现的"唐卡"。中国西藏喇嘛们制作曼陀罗时，必须静下心来用细管一点一滴地制作。想知道沙坛曼陀罗长什么样子写？可以阅读《唐卡中的曼荼罗》（吉布、杨典著，达观出版社）。

系列几何式的曼陀罗图形，运用绘画的结果来进行艺术治疗。现在在西方也运用曼陀罗彩绘方式来进行心灵治疗。①

日本设计顾问今泉浩晃提出Mandal-Art不只是一种启动人类思考的工具，Mandal本身也是一种大脑思维。他运用曼陀罗无限延伸的思考特性借用的九宫格形式、十字形曼陀罗形式；研发出特有的"Mandal-Art曼陀罗笔记学"，用以训练我们的脑力。②

《九宫格思考法》是一本工具书、一个大脑的应用软件，而不是佛教专书，故本书所讲述的内容为作者在整理将曼陀罗九宫格思考法的心法运用在工作、学习、思考、企划规划、静坐的基础上，重新发展出的一套运用方式（工法），希望能借由曼陀罗九宫格思考法提升大家思考的维度，让大家用更广阔的视野去思考问题，以达到"快速学习、聪明运用、快乐生活"的目的。

---

① 《曼陀罗心灵彩绘》(正木晃著，非马出版社)、《神奇的曼陀罗：心灵舒压彩绘书》[（美）玛莎·巴特菲德著，北京联合出版公司]。

② 《曼陀罗笔记学：提高创造力的工具》《个人生涯设计：曼陀罗思考训练实用手册》[（日）今泉浩晃著，世茂出版社]。

正业： 直接表达内心的行为	**正命：** 以服务他人为天职，劝诫他人遵循正道、奉行众善	**正精进：** 勤勉修习佛法与身心解脱之道
正悟： 口语皆是法教之事	**八正道**	**正念：** 专注当下，集中意志于日常生活之中的身、语、意
正思维： 利他的动机，而不是自私	**正见：** 见解与法教一致	**正定：** 通过禅修佛陀的法教开展"心境"

▲佛教中通过八正道达成悟道的经验

忌妒	傲慢	侵略性
恐惧	无明	冷酷无情
嗔恨	贪婪	官僚习气

▲佛教提到九种苦

第二章

曼陀罗九宫格思考法的功能

我们的大脑简单来说可以分成左脑、右脑，左右脑主要负责的功能不相同。

"曼陀罗九宫格思考法可以训练大脑什么能力呢？"这个问题就是："使用曼陀罗九宫格思考法需要大脑的哪些基本能力呢？"

曼陀罗九宫格思考法是一种学习与思考的工具、技巧，运用它的过程就是训练大脑的过程，刚开始有些人或许会觉得没有一丝头绪，这是因为他们过去很少锻炼这些脑力，只要常常使用这种思考法，这些脑力自然就会越来越好。以下分别举例说明。

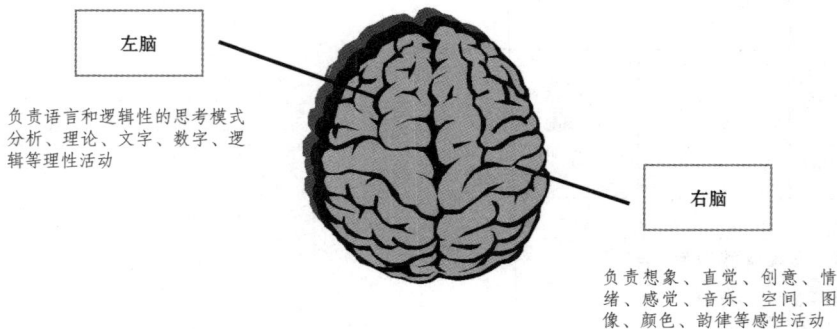

左脑

负责语言和逻辑性的思考模式
分析、理论、文字、数字、逻辑等理性活动

右脑

负责想象、直觉、创意、情绪、感觉、音乐、空间、图像、颜色、韵律等感性活动

一、联想力训练——水平思考、垂直思考、多层次网络思考

"垂直思考法"就是由希腊时期的哲学家亚里士多德所提出的"逻辑思考"，思考对象之间的关系必须是因果关系。[①]

"水平思考法"则是由爱德华·德·诺提出，为了与强调前因后果的垂直思考（逻辑方法）区分而定名。关于人类的思考方式，爱德华·德·诺将之分为两个阶段：第一阶段为"知觉筛选"（perceptual choice），即先在脑中将信息分门别类，再将感知到的事物互相结合，产生各种概念与想法之后便进入第二阶段，运用逻辑有效地处理，验证想法的正确性与可能性。

水平思考的用途：

· 想出各种可能的行动方案，并选出最适当的方案。

· 催生新产品、新（营销）概念、新组织（概念）。

· 简化那些逐渐变得很麻烦的想法（运用分割法）。

· 每隔一段时间，重新评估一些原本很适当的做法，例如降低成本、进行改良。

· 提出假设、解决问题。

· 搜集信息，尤其是需要产生不同的角度和看法时。

· 用不同方法看数据，从中获得最大量的洞见。

· 创意地响应别人提出的计划、想法。

· 预防意见不合而产生的两极分化，以及僵硬思想的产生。

---

① 垂直思考：爱德华·德·诺为了与水平思考做区分而定名。台湾《经理人》杂志将之翻译为"逻辑思考"，因果关系是逻辑思考的一种。也有人称之为"直线思考"。

·斟酌各种决策产生的可能的结果。

一旦决定采取一种方式看事情，垂直思考就派上用场，但垂直思考不能决定我们看事情的方式。因此，水平思考不是垂直思考的替代品，而是互补品。

被日本人喻为"女性大前研一"的胜间和代所提出的七种商业思考力中，水平思考便是其中之一。[①]

一个九宫格主题，要想出八种答案，每个答案都要跟中心主题有关联性，这就需要运用水平思考。（想了解九宫格如何呈现水平思考与垂直思考，可参考第五章"规划人脉网络"）

【举例】托马斯·阿姆斯特朗提出的七种学习方式

以下页图为例，第一层次我们先进行水平思考，将跟中心主题相关的八个答案填入曼陀罗九宫格中，接着进入第二层次的思考，将第一层次八个答案中的其中一项抽取出来，成为第二层次曼陀罗九宫格的中心主题，另外再填入八个答案，发展成一个新的曼陀罗，这样的过程就属于垂直思考了。

结合第一层次曼陀罗的水平思考，以及从第一层次进入第二层次的垂直思考，两者相加组合成"立体状的多层次网络思考"。

所以，通过使用平面的曼陀罗，能表现出大脑的立体思考。

[①] 胜间和代的著作有《时间投资法》《"白骨精"学习法：让你的年收入持续增长》《钱不要存银行》《效率提升 10 倍的 google 化知性生产技巧》。她在《创造商业头脑的 7 种框架力》中写道："有效率地搜集有限的信息，巧妙地将它们进行组合，在一定时间内导出与后续行动相关联的解答，这就是商业思考的基本。"在她提出的 7 种商业思考力中，水平思考便是其中之一。

空间： 影响、图像	**音乐：** 声音、韵律	**人际：** 与人互动、沟通
身体与运动感觉： 感官、触摸	**七种学习方式** （托马斯·阿姆斯特朗）	**内心：** 内心感受
逻辑与数学： 逻辑、类别、关系	**语言：** 阅读、写作、讲故事	

▲举例：第一层次的"水平思考"

我想要去做吗	我害怕去做吗	过程愉不愉快
需要他人协助吗	**内心：** 内心感受	会不会有人反对
现在能做到吗	符合自己的道德观	做完之后我会怎么样

▲举例：第二层次的"垂直思考"

将"内心"从第一层次抽取出来，放在第二个九宫格的中心，就进入了第二层次的思考。"七种学习方式"→"内心"→"符合自己的道德观"这个顺序就是"垂直思考"。

二、逻辑力训练

曼陀罗并不一定非得是呈现放射状的，下面以"习惯"举例，呈现另一种表现方式，将习惯分成三个类别：好习惯、不好不坏的习惯、坏习惯。每个分类列出最重要的三项。这种表现形式也是水平状与垂直状的思考方式。

"习惯"这个大主题虽没有明白写出，但已隐含在其中，分出第一层次的好习惯、不好不坏的习惯、坏习惯，这是水平思考。

再由好习惯分出第二层次的笑脸迎人、事先规划、尊重别人的决定。"习惯"→"好习惯"→"笑脸迎人"，这是垂直思考。

好习惯的内容很多，那么如何挑选出最重要的三项？这就要依靠我们的逻辑分析判断能力。曼陀罗有空间的限制，不像思维导图几乎毫无限制的表现形式，所以常做曼陀罗九宫格思考法，可以训练我们的逻辑力。

好习惯	不好不坏的习惯	坏习惯
笑脸迎人	回家后先洗脚	负面思考
事先规划	看书喜欢先看版权页	自卑心理
尊重别人的决定	洗澡时顺便清洗浴室	个性急躁

▲举例："习惯"这个主题的水平状与垂直状思考方式

三、创意力训练

只是在脑中想象，常常会面临思考卡住的现象，借由书写（可视化）让自己看到思考的轨迹，更能激发创意。九宫格的曼陀罗周围有八个格子，无形中强制我们要填满所有的格子，以刺激大脑努力去思索。（详细方式请见第七章"创意训练与延伸"）

联想	反向思考	问问题
转换	激发创意脑的八种角度	图像思考
拆开	组合	情感

▲举例：激发创意脑的八种角度

直升机 （模仿蜻蜓）	下雨天伞便宜 晴天伞贵	用杂志盖泡面
用水蛭吸出病人 的血	激发创意脑的 八种角度	画画、服装设计
连载小说 （分批给读者）	随身听 （耳机+录音机）	双B汽车 代表身份

▲举例：激发创意脑八种角度所得的答案

四、图像化思考能力训练——可视化一目了然

曼陀罗结构化的方式，更能看出思考的逻辑。下面两幅图是将书的主要概念整理后所制作的笔记。

4.变通随顺	5.满足于少	6.温柔敦厚
3.绝不放弃	**内心快乐七诀**	7.保持正念
2.缓慢从事	1.保持从容	**个人心得** 想再多都没有用，做就对了

▲举例：内心快乐七诀

4.双赢思维 培养大家都能获益的态度	**5.知彼解己** 诚恳倾听他人诉说	**6.统合综效** 与他人一起努力，完成更大成果
3.要事第一 设定优先级，先做最重要的事	**年轻人的 生活蓝图**	**7.不断更新** 定期让自己日新又新
2.以终为始 界定你生活中的任务与目标	**1.主动积极** 为你的生活负责	**个人心得** 越早思考人生要怎么走，才能越早达到目标

▲举例：年轻人的生活蓝图[①]

有没有发现一件很妙的事情？通过图像化的呈现，内容看起来简单易懂。

现在硕士、博士多数仅专、精于自己那一小块领域，其他领域都马马虎虎，严格来说不能称之为硕士、博士。

在此引述一篇小故事为本章做总结，期许大家都能通过曼陀罗九宫格思考法锻炼脑力、发挥能力。

---

① 资料来源：《杰出青少年的七个习惯》[（美）肖恩·柯维著，中国青年出版社]。

一个教授在给研究生上管理学基础课时说："你们虽然都是研究生，但很多人本质上还是放羊娃！"大家惊愕，窃窃私语。

他说："你们为什么学习研究院的课程？很多人是不是想找个好工作，找个好工作为了什么？为了找个好老婆，吃喝住行都不错，然后生孩子，为了孩子的前途更光明，这些不就是放羊娃的朴素想法吗？"

哪个父母不希望自己的子女比自己更好？你们很多人是不是也像放羊娃一样思考问题？什么时候你能突破这种思维模式，你就超脱了。

当这个社会看重文凭的时候，假文凭就成为一种专业，即使是很有能力的人，也不得不弄个文凭，给自己脸上贴点金。

知识在一个人的架构中，是表象的东西，就相当于有些人可以在答卷上回答如何管理企业、如何解决棘手的问题、如何当好市长等等。但是在现实面前，他们却显得毫无头绪、不知所措，他们总是问为什么会是这种情况、应该是哪种情况等等。他们的知识只是知识，而不能转化成能力，更不能通过能力来发掘他们的潜力。

现在很多企业都在研究能力模型，从能力的角度来观察应聘者能否胜任岗位。当然，高能力不能和高绩效直接比较，能力的发挥也是和一定的机制、环境、工作内容与职责相关，没有相应的平台和环境，能力再强也无法发挥出来。

第三章

与曼陀罗思考法异曲同工的方法

一、九宫格思考法

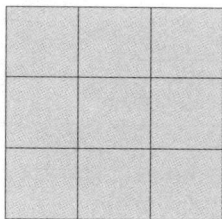

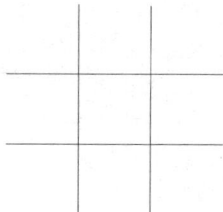

以上三种画法都可以。

在构图中最基础的方法是九宫格法（摄影技术上称为"黄金分割法"），就是把画面平均分成九块，将主体放在"九宫格"四个角交叉点的中心块位置上。这种构图格式较为符合人们的视觉习惯，使主体自然成为视觉中心，具有突出主体，并使画面趋向均衡的特点。

"河图""洛书"是中国"五术"（山、医、命、卜、相）的根源，已经呈现了九宫格的形式。

从中国人的书法练习本中的格子纸到最近这几年流行的脑力训练"数独"，都采用了九宫格的形式，可见简单的九宫格可以变换出各式各样的运用。于是也有人将"曼陀罗思考法"称之为"九宫格思考法"。实际上曼陀罗思考法可不只有九个宫格而已。

在西式的创意训练法里面，也有"九宫格"这个名称，想要达到的目标或是要解决的问题放在九宫格的正中间，周围的八种思考角度分别是组合、拆开、转换、联想、反向思考、问问题、图像思考、情感考虑，用各种角度看事情，借此激发大脑的创意（亦可参考157页的"奔驰法"）。

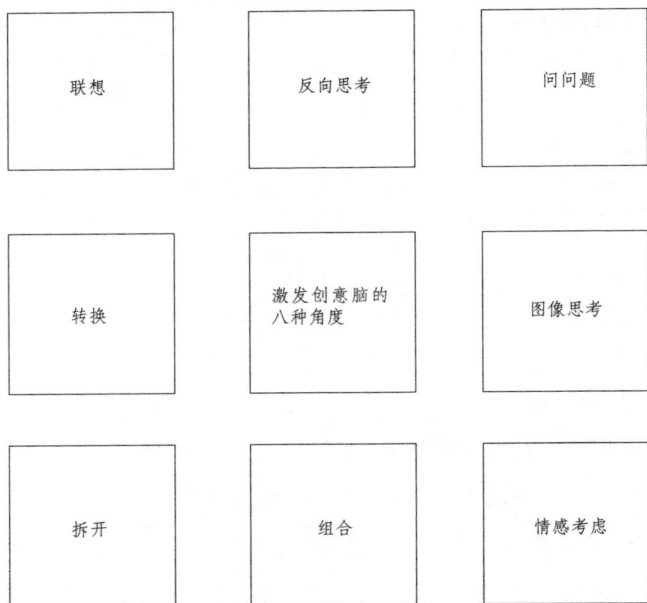

联想	反向思考	问问题
转换	激发创意脑的 八种角度	图像思考
拆开	组合	情感考虑

▲举例：激发创意脑的八种角度

二、创新型问题解决理论——九宫格问题分析思考法

创新型问题解决理论（Theory of Inventive Problem Solving），由根里奇·阿奇舒勒在1946年提出，其中就有"九宫格问题分析思考法"。这九个格子就是九种关系，分别是"系统、子系统、超系统"，乘上"过去、现在、未来"。（请参考下页图表说明）

借由对现在的对象一一分析，然后照此分析的逻辑去想象未来可以发展成什么样子，是一种创意思考的方式。

举例来说，过去保温饮水是使用保温瓶，保温瓶的内部材料是银、玻璃，外部材料是塑料，不用插电。现在保温饮水则是使用饮水机，内部材料是不锈钢、橡胶垫，外部材料是塑料，需要插电。想象未来的饮水设备是直接水龙头打开就有恒温的热水供应，内部材料是不锈钢水管，外部由保暖纤维包覆，不用插电。

我们可以把X轴看成是空间的概念，Y轴看成是时间的概念。九宫格问题分析思考法与思维导图最大的差异就是九宫格思考法可以表现出时间和空间两种概念的组合。

子系统 （约等于内部概念）	系统 （约等于本体概念）	超系统 （约等于外部概念）
过去		
现在		
未来		

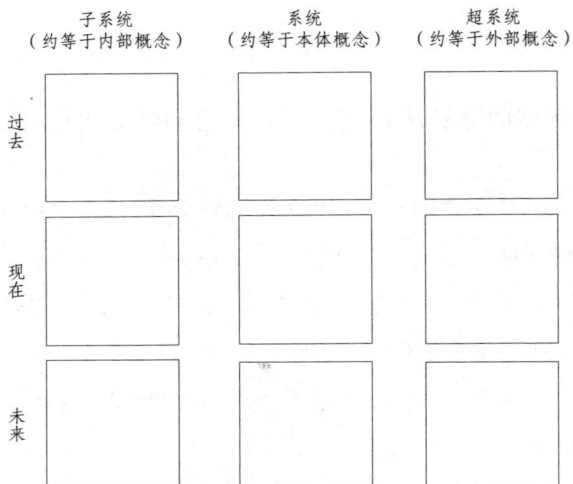

▲ "创新型问题解决理论"中的"九宫格问题分析思考法"（由根里奇·阿奇舒勒提出）

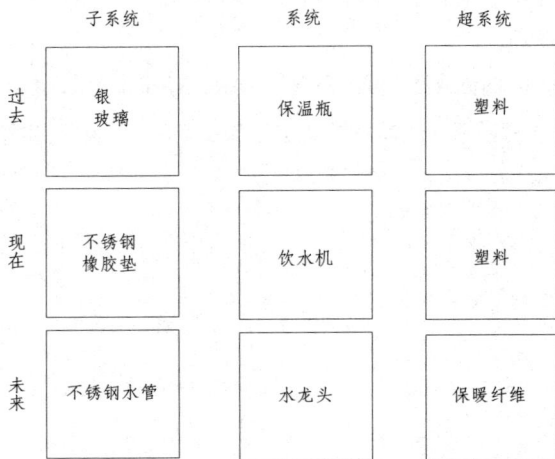

	子系统	系统	超系统
过去	银 玻璃	保温瓶	塑料
现在	不锈钢 橡胶垫	饮水机	塑料
未来	不锈钢水管	水龙头	保暖纤维

▲举例：保温饮水的设备

三、思维导图

我个人一直把曼陀罗称为东方的思维导图，而把思维导图称为西方的曼陀罗。

思维导图的第一层次相当于第一层（第一重）的曼陀罗，都是运用了水平思考法。差异点在于思维导图并不像曼陀罗，受限于格子，而曼陀罗不像思维导图那么随性，可以无限增加。[①]

同一层的曼陀罗最多八个格子，制作曼陀罗的过程等于是在刺激大脑的联想力、创造力。看似不自由，却能锻炼大脑的逻辑力，协助我们尽可能地精简想法，以呈现简单明了的内容。

在使用曼陀罗思考法时不需要局限于表现形式，只要掌握概念，自由发挥出各式各样的曼陀罗即可。

而以保温饮水的设备举例，思维导图得列出"系统、子系统、超系统"，乘上"过去、现在、未来"，绘制成下页的图，才能表现出思维导图完整的概念。

[①] 关于思维导图的使用方法与详细说明，可参考北京时代华文书局的系列相关书籍：《思维导图阅读法》（胡雅茹著）、《思维导图：创意高手的超强思考工具》（胡雅茹著）、《思维导图笔记整理术》（胡雅茹著）。

第一个思维导图（保温饮水的设备）：

- 子系统
  - 过去：银、玻璃
  - 现在：不锈钢、橡胶垫
  - 未来：不锈钢水管
- 超系统
  - 过去：塑料
  - 现在：塑料
  - 未来：保暖纤维
- 系统
  - 过去：保温瓶
  - 现在：饮水机
  - 未来：水龙头

第二个思维导图（保温饮水的设备）：

- 过去
  - 子系统：银、玻璃
  - 系统：保温瓶
  - 超系统：塑料
- 未来
  - 子系统：不锈钢水管
  - 系统：水龙头
  - 超系统：保暖纤维
- 现在
  - 子系统：不锈钢、橡胶垫
  - 系统：饮水机
  - 超系统：塑料

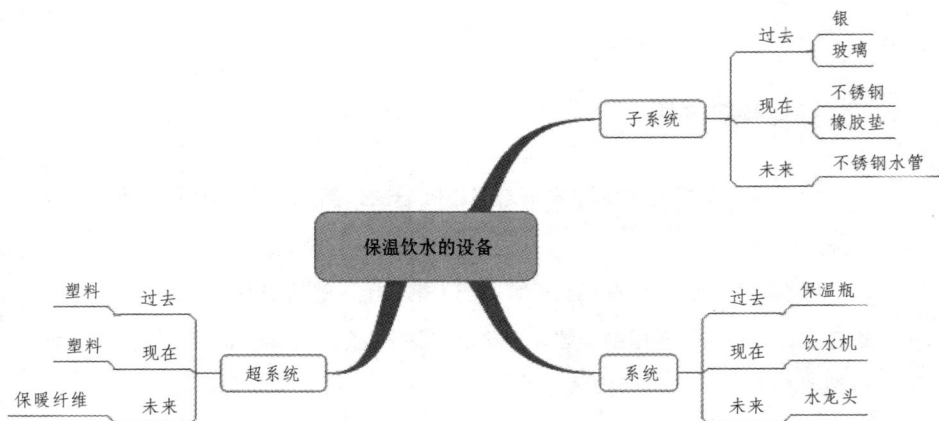

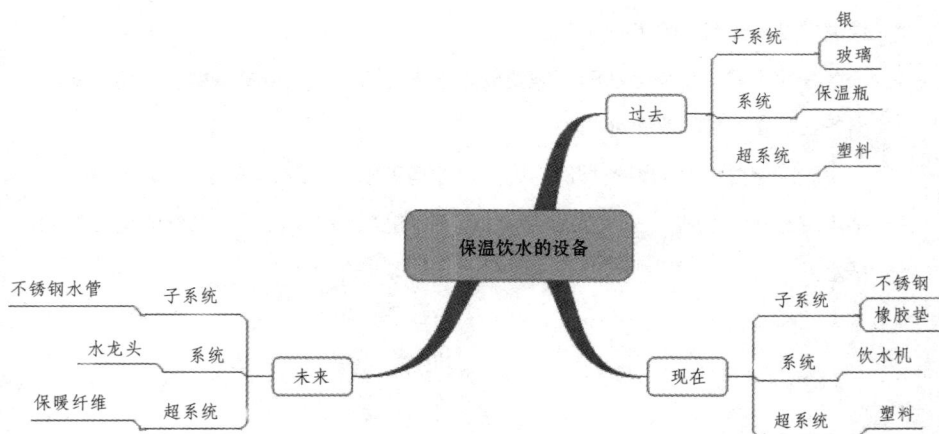

▲举例：保温饮水设备的思维导图

第四章

曼陀罗九宫格的基本结构

一、中心——主题、问题

制作曼陀罗与思维导图一样，最重要的一件事情就是设定对的主题、对的问题，因为问对问题才能找到对的答案。别忘了曼陀罗也是一种图像化的思考模式，通过图像化可以让我们对于主题所延伸出来的内容一目了然，方便记忆。

若想要了解怎样问对问题的话，推荐《QBQ！问题背后的问题》，〔（美）约翰·米勒著，电子工业出版社〕。在《画个图讲得更清楚》〔（美）大卫·斯贝特著，时报出版社〕中也提到曼陀罗图的功能就是整合看法："如果要让团体在相同的基础上，集中思考某个主题，并且希望面面俱到时，曼陀罗图形是很好的选择。曼陀罗图是最复杂的形式，但可以包含一些简单的形式，例如：清单、图解群组，环绕中心的星座图；可以是像标靶的方格图；也可以是像地层的示意图。当你从核心观念逐渐衍生分支想法时，表示你对问题的了解越来越深入。"

"观"是曼陀罗九宫格思考法的基础，看着你面前的曼陀罗主题，将产生的想法逐一写下来，如果出现过去没有想到的念头，那就表示你已经启动了大脑思考，不再只是丢出随着过去的习惯、习性而做出直觉性、反射性的念头。

《改变大脑的灵性力量》〔（美）安德鲁·纽伯格、马克·瓦德门著，译林出版社〕中证实了禅坐可以刺激大脑再成长，以科学家的研究证明禅坐的多项好处，例如提升专注力、使心情愉悦、提高记忆力等，以及这些好处怎么来的。也提到静坐30~60分钟效果最佳，且必须长期持续静坐才会持续活化大脑与保有这些好处。传统看法认为，人不可能随意影响大脑中的无意识区域，但是神经学新近的研究却彻底颠覆了这个观点，因为科学证据显示，静观修行以不同方式影响着大脑不同的部位对大脑神经产生好处。

美国肯塔基大学把大学生分成看电视、睡觉、静坐三组，再让他们接受测验，结果静坐组的成绩比其他两组高出10%。由此指出静坐能直接影响脑功能，延长注意力，让大脑更敏锐、提高记忆力。静静地看着主题，进行观想，只要你够专注也能达到静坐的效果。

二、八种思考角度——眼、耳、鼻、舌、身、意、天、地

这里提供一个佛教观点，这八种角度已经涵盖观察世间万物所有的切入角度了。佛教指出人通过五种感官（基本的五种角度）来认识世界，即眼（视觉）、耳（听觉）、鼻（嗅觉）、舌（味觉）、身（触觉）。

另外还有三个更深入思考的角度，我个人将之解释成意（意义、含义）、天（时间概念）、地（空间概念）。

除此之外"八"这个数字也符合大脑短期记忆宽度7±2。

【举例】看到"臭臭的",你会想到什么?

通过八种思考角度,将想到的相关事物填入九宫格内。

每个人所想出来的答案都不相同,因为每个人的背景经验、逻辑观念、联想能力皆不同,例如,A可能在嗅觉部分会想到厕所,B可能在时间概念部分会想到厕所,这是没有标准答案的。要求标准答案是一种封闭式的思考,在曼陀罗九宫格思考法中,思考越开放越好。

开放式思考方式参考:

六顶思考帽(思考时用的六种角度),这是由爱德华·德·诺所提出的,严格说并不能算是一种方法,而是六种引导我们在创意思考时的立场与角度。

白色思考帽(事实与资料帽):代表中立客观,表客观的事实与数字。

红色思考帽(情感帽):代表愤怒狂暴情感,表情绪上的感觉。

黑色思考帽(谨慎帽):代表阴沉负面,表负面因素,为什么不能做。

黄色思考帽(乐观帽):代表耀眼正面,表乐观,希望正面。

绿色思考帽(创造力帽):代表生意盎然,表创意与新想法。

蓝色思考帽(指挥帽):代表冷静,代表思考过程的控制与组织。

六双行动鞋(行动时用的六种角度),也是由爱德华·德·诺提出的六种引导我们在行动时的立场与角度。

深蓝色皮鞋:行动模式包含着惯例和形式化的程序,依规章行事。

灰色运动鞋:行动模式和探索、调查、搜集证据有关,行动的目的则是获取信息。

咖啡色厚底便鞋:做法包括采取主动、务实的行动,而且保持弹性。务实和实用主义。

橘色橡胶靴:行动模式是采取紧急行动,这时安全是最主要的考虑。

粉红色拖鞋:行动模式代表关怀、同情、对人的感情投以注意力,而且具有敏感性。

紫色马靴：适合具有官方角色或有正式权限的人使用。此人需有领导和命令的权力，执行的行动并非表现他个人的能力，而是表现所扮演的角色的能力。

舌（味觉）： 臭豆腐	身（触觉）： 没洗澡	意（意义、含义）： 老板的脸
鼻（嗅觉）： 榴梿	臭臭的	天（时间概念）： 夏天的垃圾堆
耳（听觉）： 垃圾车	眼（视觉）： 粪便	地（空间概念）： 厕所

▲举例：看到"臭臭的"，你会想到什么？

三、放射形排列

　　填写放射形排列的曼陀罗可以随意填写任一空格，不强调要依据"眼、耳、鼻、舌、身、意、天、地"八种思考方向的固定位置来填写。先想到哪一个答案都没有关系，这是一种发散式思考，也是一种水平思考。

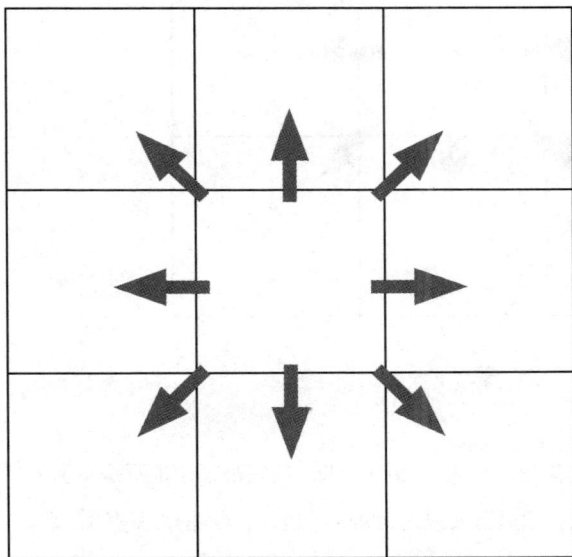

▲ "放射形排列"的曼陀罗

　　以天空为主题的曼陀罗来看，我们发现答案可以分成第一类，抽象概念类：夏天、自由、蓝色、休闲。第二类，大自然类：鸟、云、太阳、空气。你会发现思考的方向比较受到过去经验的局限，若你希望能激发自己的联想力、想象力、创意力的话，建议多用眼、耳、鼻、舌、身、意、天、地这八种思考方向来刺激自己增加多种思考角度。

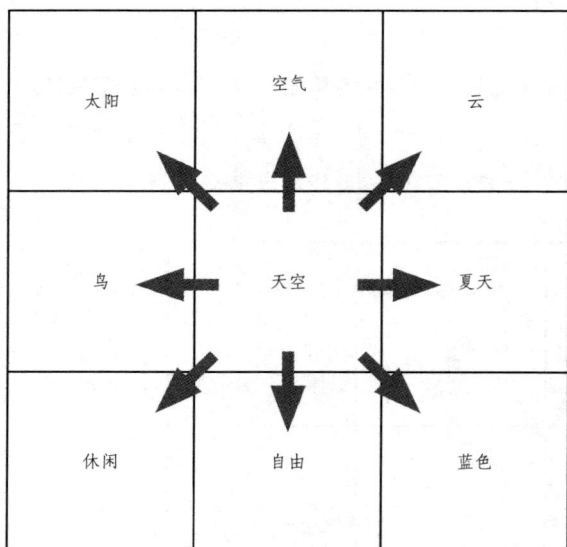

太阳	空气	云
鸟	天空	夏天
休闲	自由	蓝色

▲举例：看到"天空"想到的

　　从沙漠、太阳、炎热、口渴、绿洲、水，这些答案你是不是发现虽然它们都跟沙漠有直接关系，但是答案彼此之间似乎也是一种垂直思考的关系。

　　我们进行思考时很难说要完完全全的水平思考或是完完全全的垂直思考，因为人的一个观念是由过去许多事件的相同点或是相异点组合而成的。

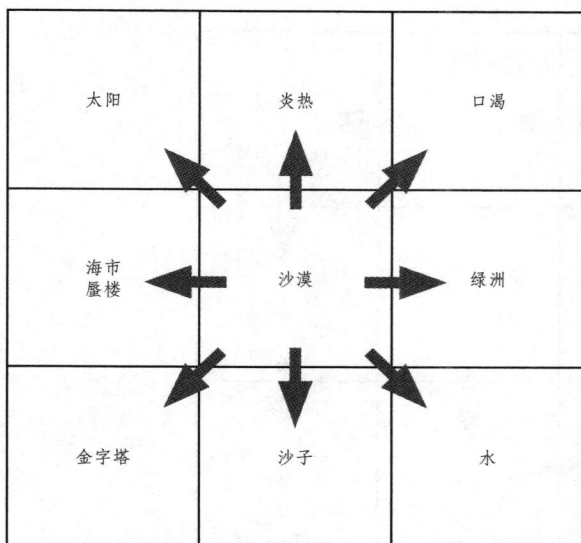

太阳	炎热	口渴
海市蜃楼	沙漠	绿洲
金字塔	沙子	水

▲举例：看到"沙漠"想到的

四、顺时针排列——日文の字的顺序

这个顺序由今泉浩晃提出，我发现通过这样的填写顺序可以追踪我们的思考意念。我们能通过顺时针方向的填写方式，进行垂直思考。

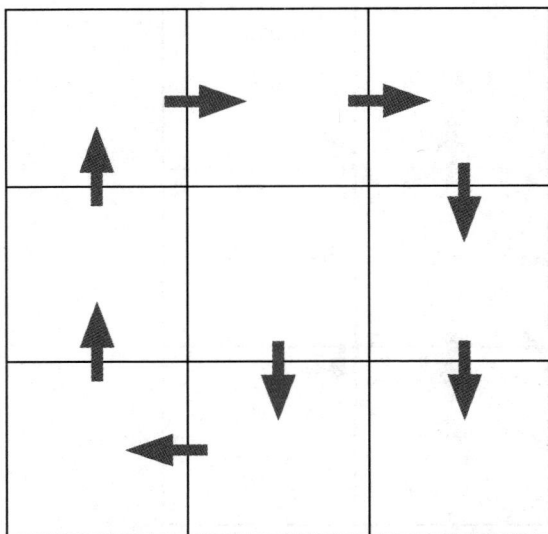

▲ "顺时针排列"的曼陀罗

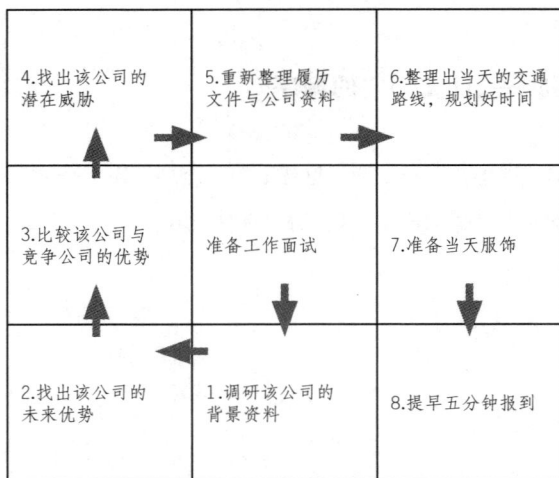

4.找出该公司的潜在威胁	5.重新整理履历文件与公司资料	6.整理出当天的交通路线，规划好时间
3.比较该公司与竞争公司的优势	准备工作面试	7.准备当天服饰
2.找出该公司的未来优势	1.调研该公司的背景资料	8.提早五分钟报到

▲举例：准备面试的步骤

五、十字形排列

十字形排列的九宫格是由今泉浩晃提出的思考方式。

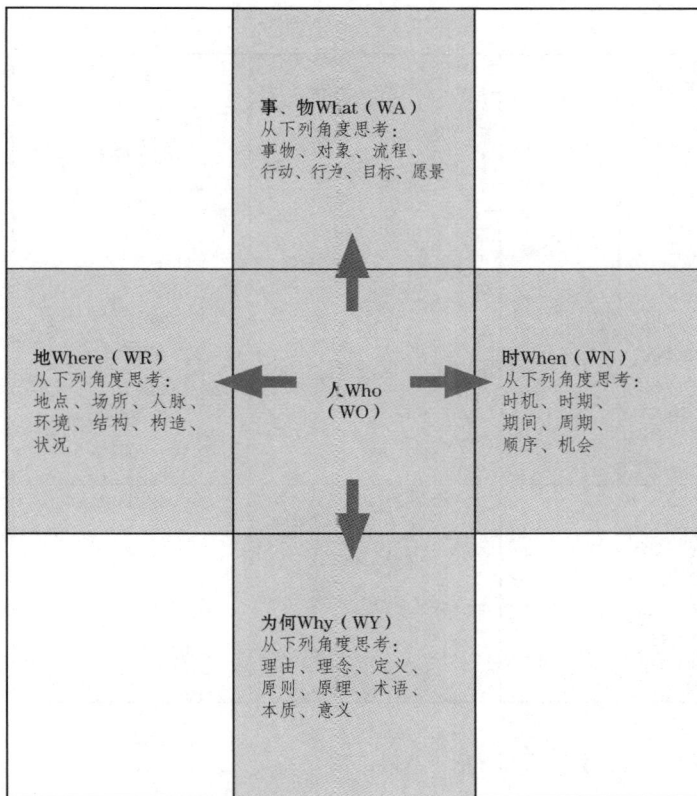

	事、物What（WA） 从下列角度思考： 事物、对象、流程、 行动、行为、目标、愿景	
地Where（WR） 从下列角度思考： 地点、场所、人脉、 环境、结构、构造、 状况	人Who （WO）	时When（WN） 从下列角度思考： 时机、时期、 期间、周期、 顺序、机会
	为何Why（WY） 从下列角度思考： 理由、理念、定义、 原则、原理、术语、 本质、意义	

▲ "十字形排列"的九宫格：四段论法

我们还可以进一步将十字部分格子填上要达成的四个目标，在四周角落的格子填上达成目标的策略或方法，这就是八段论法。

明白大脑的运作模式之后，下个部分我们就要开始运用曼陀罗九宫格这个思考工具来锻炼我们的脑力了。

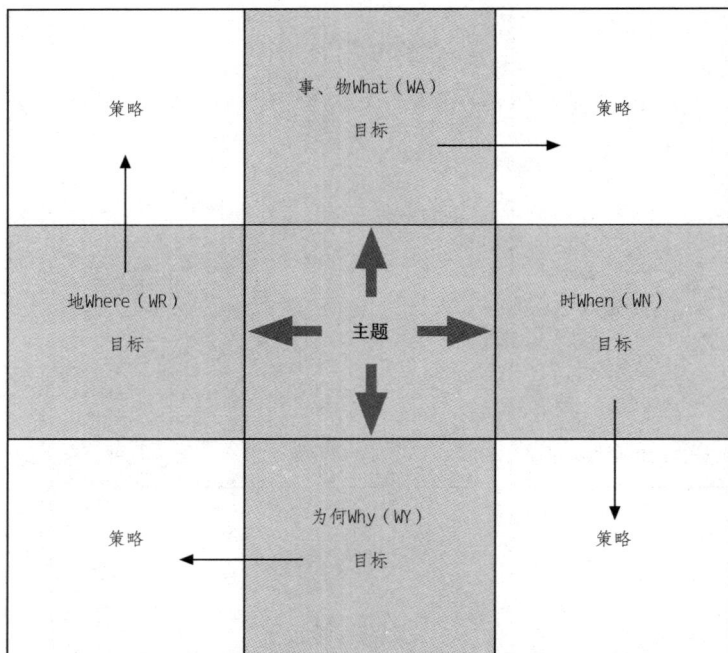

策略	事、物What（WA） 目标	策略
地Where（WR） 目标	主题	时When（WN） 目标
策略	为何Why（WY） 目标	策略

▲ "十字形排列"的九宫格：八段论法

Part 2 | 曼陀罗九宫格思考法
的实际运用

第五章

规划人脉网络

　　规划人脉网络的时候，我们需要使用八十一宫格或七百二十九宫格的曼陀罗。首先最需要了解的是"人脉网络图"，第一层次先将自己的名字填写于中间的格子，然后把自己比较亲近的8个人名填入周围的8个格子中。["人脉网络图（第一层次）"举例请参考第40页]

　　你可能会问：我的朋友很多，8个格子根本不够耶！别忘了，我们是通过填写曼陀罗的过程来审视自己的人脉关系与其质量，请务必先筛选出对你而言最重要的8个人！

　　接着以第一层次的8个人——志明（爸爸）、春娇（妈妈）、小花（太太）、小芳（女儿）、大华（大学同学）、大强（同事）、小义（同事）、大林（战友）为中心主题，分别制作八个"人脉网络图（第二层次）"的曼陀罗。

　　填写"人脉网络图（第二层次）"的时候，用志明（爸爸）当主题，周围八个格子就可以填写跟志明（爸爸）相关又跟王小明（自己）相关的人。用同样的方法可以继续列出人脉的第三层次。

▲人脉网络图（第一层次）示意图

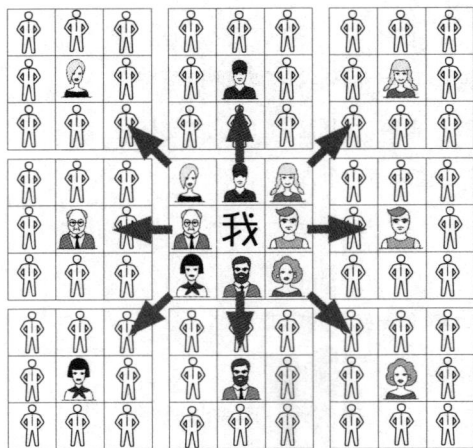

▲人脉网络图（第二层次）示意图：通过人脉的第二层结果，我们应该可以看出自己的人脉圈是否有所偏向

人脉网络图有两种填写方式：第一种是单纯的"人脉网络"，不分身份而是依照跟你的亲疏远近来填写，单纯的人脉网络图能检视自己人脉网络的规模大小及人脉关系是否有所偏向（有些人的人脉关系偏向与家人及亲戚有关的人，有些人则偏向学校同学或公司同事）；第二种则依照身份填写，周围8个格子只填写在该身份中跟你最亲近的人，这种填写方式被称为"人脉分类表——工作用"。

一、人脉分类表——工作用

填写时，周围8个格子中各有不同的身份主题，依照身份主题填写，在该身份中找出跟你最亲近的人，通过这个分类表可以了解依照身份如何拓展自己的人脉关系。

"人脉分类表——工作用"第二、第三层次的填写方法跟人脉网络图第二、第三层次延伸的概念相同，可以使用八十一宫格或七百二十九宫格的曼陀罗进行延伸。

志明 （爸爸）	春娇 （妈妈）	小花 （太太）
小芳 （女儿）	**王小明** **（自己）**	大华 （大学同学）
大强 （同事）	小义 （同事）	大林 （战友）

▲举例：人脉网络图（第一层次）

配偶／情人	子女	亲戚／朋友
父母	**王小明** **（自己）**	主管／师长
社团／义工	工作／客户	同事／同学

　▲举例：人脉分类表——工作用（依照身份主题填写，在该身份中找出跟你最亲近的人）

二、关键人物分类表——能力分析

通过此步骤我们能了解到"谁是能帮助我们能力提升的关键人物",所以在第一层次周围的8个格子中,各自填入在不同领域能帮助你或是影响你的关键人物,标注这位关键人物的身份并简单描述能帮助你提升的能力。

陈有力 (部门主管) 影响我的绩效	张时髦 (隔壁部门的主管) 教我服装穿着	刘厉害 (组长) 指出我的错误
赵芬芳 (同事) 分享美食信息给我	**帮助王小明 能力提升的 关键人物**	李八卦 (同事) 告诉我办公室 八卦
萧准备 (同事) 教我如何准备 资料	大强 (同事) 教我计算机操作	王有钱 (同事) 教我理财知识

▲举例:关键人物分类表(把自己放在正中央,列出影响自己的关键人物)

三、关键人物分类表——工作用

接下来，从上一页的例子再延伸出"关键人物分类表——工作用"，我们挑选工作能力（电脑操作）为中央主题，周围8个格子各自列出还有哪些人像大强一样可以帮助我们提升工作能力（电脑操作）。从这个层次的曼陀罗可以看出能提升自己特定工作能力的关键人物的分布情况。

大强 （同事）	大林 （战友）	
小花 （太太）	**帮助提升工作能力 （电脑操作）的 关键人物**	

▲举例：列出能够帮助自己提升工作能力的关键人物

四、人脉分类表——个性分析

在周围 8 个格子中列出亲近朋友的名字，标注他们的个性，接着检视他们之间共同的个性特征有哪些，这样就能知道对你影响最大的人是什么个性。

大林 （战友） 幽默、啰唆、开朗	小花 （太太） 严谨、认真、一板一眼、爱笑、善良	王有钱 （同事） 严肃、不多话、不爱笑
大强 （同事） 爱夜店、爱旅游、爱讲冷笑话	**王小明的人脉 ——个性分析**	李八卦 （同事） 爱讲八卦、啰唆、幽默、认真
贾英俊 （同学） 爱买名牌、不爱笑	庄可爱 （社团朋友） 善良、喜欢有毛的小动物、爱笑、开朗、认真	吴正义 （同事） 爱抱不平、开朗、严肃、善良

▲举例：人脉分类表——个性分析（列出自己的人脉，以及他们的主要个性）

五、关键人物分类表——个性分析

接下来从上一页的例子继续延伸。"人脉分类表——个性分析"是先填名字，再标注个性，而"关键人物分类表——个性分析"则是先填个性，再填具备这样个性特征的人名。

将"人脉分类表——个性分析"中最常见、影响你较多的个性特征填入"关键人物分类表——个性分析"周围的8个格子中，并标注有哪些关键人物具备这样的个性，这样就可以知道"希望自己成为拥有哪种个性特征的人，就要多多接近那些拥有这些个性特征的关键人物"。

人是相当容易受到外界影响的，若希望自己开朗、活泼，就要多交往具有这样性格特征的朋友，潜移默化下就会变得开朗、活泼。想想哪些人具备你想拥有的性格特征，赶紧跟他们成为朋友吧！

幽默 大林、李八卦	认真 庄可爱、李八卦	
善良 庄可爱、小义、小花	**王小明身边 关键人物的个性**	
严肃 王有钱、小义、贾英俊、吴正义	开朗 庄可爱、大林、小花	

▲举例：关键人物分类表——个性分析（写的时候顺序不拘）

六、未来人脉分类表

从"关键人物分类表——个性分析"延伸至未来，先思考未来自己想具备什么能力，然后标注谁是你想要认识或学习的对象，以及通过什么渠道可以帮助你认识他或向他学习。

增加EQ能力： 林志玲 多留意她上电视的谈吐	增加阅读能力： 胡雅茹老师 多练习老师教的方法	创业能力： 创业成功的老板 多阅读成功创业老板的著作与报道
沟通能力： 王有钱 尽量多约他一起吃午餐	**王小明的 未来人脉**	深入阅读能力： 爱读书的朋友 参加"从书中找到快乐人生"读书会
理财能力： 懂理财的朋友 多看理财节目与讲座、多跟懂得理财的朋友聊聊	投资能力： 财经专家 多看财经新闻	舒压能力： 认识新朋友 多参加静坐活动

▲举例：未来人脉分类表（写的时候顺序不拘）

七、人物基本资料表

针对客户或是朋友建立基本资料表，可以让你对朋友的动向了如指掌。

现在很多人都使用社群网站管理朋友的信息，像习惯兴趣、生日、年龄等，朋友生日时社群网站也会主动通知你，手机随时上网也很方便，所以在这张资料卡上可以填写一些社群网站上没有的信息。以下是参考例子，可以依照实际使用情况修改。

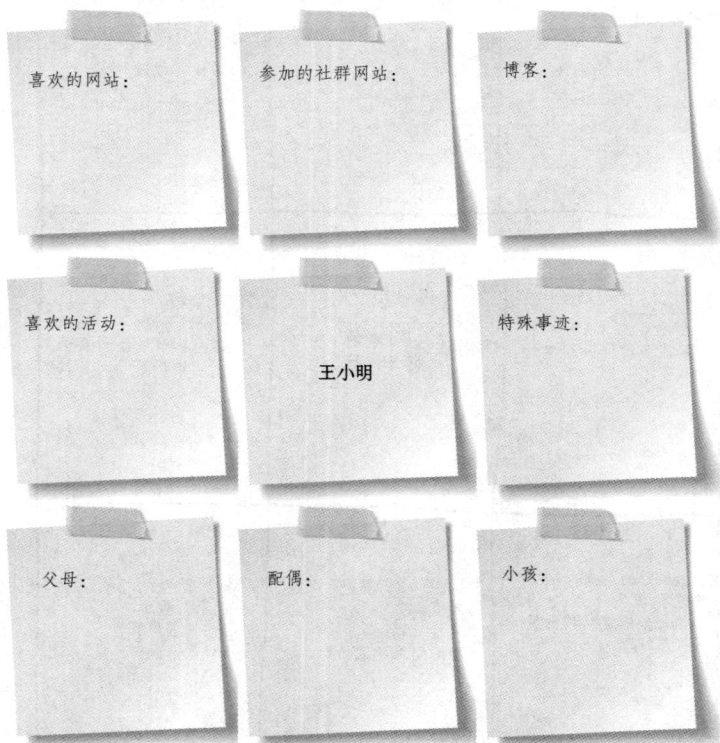

喜欢的网站：	参加的社群网站：	博客：
喜欢的活动：	王小明	特殊事迹：
父母：	配偶：	小孩：

▲举例：人物基本资料表（把自己放在正中央，也可以用照片代替，写的时候顺序不拘）

第六章

职业规划与时间管理

　　方向不对，再努力、再辛苦，你也很难成为你想成为的那种人。现在是讲究绩效的时代，公司、企业、政府需要的是有能力且能与企业共同发展的人，而不是一味努力却不知道公司发展方向的员工。

　　最新一代的时间管理，不仅是日常日程表规划，还讲求人生的管理。我们必须按照"我是谁→目标设定→规划日程表"的步骤来管理人生。

一、职业规划——了解与设定我是谁

　　谈职业规划的角度很广，这不是本书的重点，但要教大家怎么把曼陀罗九宫格思考法运用在职业规划中，又不得不告诉大家职业规划的某些观念，我尽量简短说明。

　　职业规划要从认识自己开始，认识自己的对成功的定义、价值观、信念，才能拟定出适合自己的规划与策略。

1. 定义成功

当你感觉生产力最旺盛、创造力最丰富的时候，就是你用少数精力创造多数效果，轻轻松松成就自己的时候。这些以少创造多的时机都发生在什么时候？是不是都发生在一天的同一时段？行为有没有共通点？总是发生在某件事情之后吗？是你跟一群人在一起的时候，还是一个人的时候？是在轻松的时候，还是匆忙的时候？

你能不能在不辞去正职的情况下，多花点时间在你喜欢的事情上？你能不能让你的喜好或是副业成为另一项事业？

少做事，多动脑。在开始做之前，想想什么事情你觉得最重要？没有价值的事情、不会带给你快乐的事情，都不要再做了，因为这只会把你变成一个爱抱怨的人。

有一个孤独的学生因为跟大家格格不入而退学了，后来他白天在一家公家机构当小职员，晚上花大量的时间阅读科学书籍或做做白日梦，这个人就是爱因斯坦，他在三十岁之前发表了相对论。

沃伦·巴菲特是我最崇拜的人，他成为首富的方法是不停地研究与不停地投资，他住在一个生活节奏很慢的小镇里，吃的、用的、穿的都相当简单，他投资不以赚钱为目的，而是想证实自己的眼光是否正确，轻松愉快带给他充分的思考时间，所以他的决定都很正确。

他不为赚钱而投资，却赚到大把金钱，这个做法跟《穷爸爸富爸爸》的作者清崎先生的"有钱人不为赚钱而工作"这一点想法不谋而合。[①]

---

① 《穷爸爸富爸爸》[（美）罗伯特·清崎著，四川人民出版社]提出财富自由的观念，财富自由＝投资所得＞每月支出。

所以你要用什么来定义自己的成功？

像巴菲特用精准的投资眼光来定义自己的成功；

像台湾卖菜阿嬷陈树菊用有能力的持续捐款来定义自己的成功；

像台湾艺人张小燕用提携后辈来定义自己的成功；

像台湾艺人孙越用帮助别人戒烟来定义自己的成功；

像某些首富用赚多少钱来定义自己的成功；

像某些贵妇用几十个名牌包来定义自己的成功。

从本页开始，先通过表格帮助你了解自己有多少项目是已经成功了的，接下来，试着运用"十字形排列曼陀罗""人物基本数据表""八十一宫格曼陀罗"三种不一样形式的曼陀罗思考法进行自我解析与审视。

练习：了解自己已经成功的项目

	普通	还不错	优秀	卓越
阅读能力				
分析能力				
文字书写				
科技产品使用				
数理运算				
艺术鉴赏				
文学赏析				
音乐品鉴				
电影赏析				
烹饪				
虚张声势的能力				

	普通	还不错	优秀	卓越
找乐子的能力				
敢于冒险				
好客				
运动能力				
创业能力				
自我激励				
敢于认错				
口语沟通				
冷静镇定				
乐见社会变化				
做决定的勇气				
好奇心				
追根究底				
激励他人				
教导他人				
归功他人的能力				
与人合作				
被人信任				
对人热情				
对事热情				
共情力				
公正感				
包容心				

	普通	还不错	优秀	卓越
幽默风趣				
坚韧友谊				
忍耐力				
耐心				

【举例】自我解析与审视

不需要依赖别人提供的分析表格，我们也能用九宫格思考法来进行。这里运用了三种模式，也可以参考选用本书提及的曼陀罗的其他模式进行自我解析与审视。

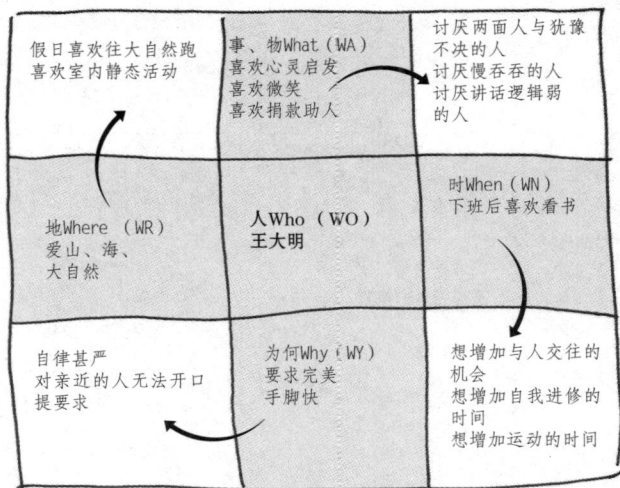

假日喜欢往大自然跑 喜欢室内静态活动	事、物What（WA） 喜欢心灵启发 喜欢微笑 喜欢捐款助人	讨厌两面人与犹豫不决的人 讨厌慢吞吞的人 讨厌讲话逻辑弱的人
地Where（WR） 爱山、海、大自然	人Who（WO） 王大明	时When（WN） 下班后喜欢看书
自律甚严 对亲近的人无法开口提要求	为何Why（WY） 要求完美 手脚快	想增加与人交往的机会 想增加自我进修的时间 想增加运动的时间

▲举例：运用"十字形排列九宫格"分析

运动						不贪小便宜		
分析	专长			缺点		不占人便宜	优点	
逻辑	电脑		不爱求人	爱说教		助人	善良	
看电视	陪小孩					让孩子做作业	增加进修机会	
聊天	活动			王大明		孩子快乐	目标	
看书	健行					减少加班	生活轻松	
自律甚严	要求完美		聊天	喝茶		夫妻感情好		
爱憎分明	性格		看书	喜好		父母高寿	期许	
动作快	急躁		看海	健行		孩子孝顺	捐赠遗产	

▲举例：运用"八十一宫格"分析

喜欢的网站：　　参加的社群网站：　　博客：
新闻网站　　　　　无　　　　　　　　无

特殊事迹：
拿下200万大订单、帮
孩子完成科展作品

喜欢的活动：　　　王大明
看书、旅游

父母：　　　　配偶：　　　　　　小孩：
节俭、不喜欢浪费　喜欢美食、爱做菜　好动、不喜欢做作业

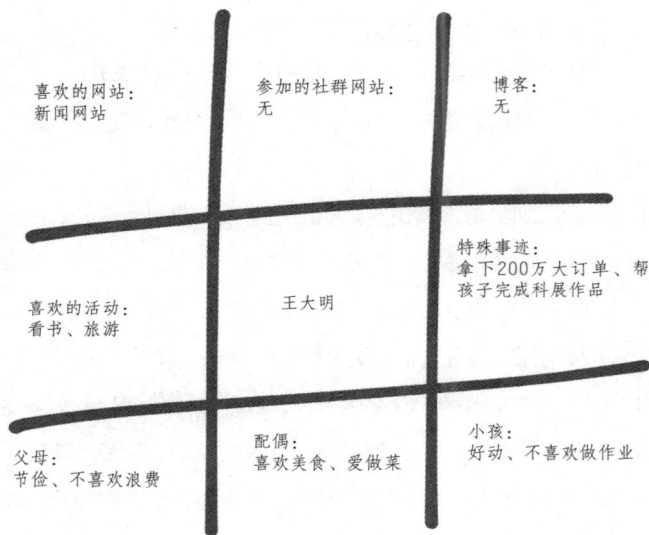

▲举例：运用"人物基本数据表"分析

2. 价值观

在决定做什么、怎么做之前，你一定要知道自己要去哪里。就像从台北到高雄，你能选择飞机、高铁、客运、自驾、机车、单车，甚至走路。如果你的时间不够，那么多花一点钱坐上高铁，沿途风光坦白讲还真不怎么样，因为你要的是节省时间而不是欣赏沿途的景色。如果你有的是时间，那你可能会选择骑单车，那看到的风景就完全不一样了。

你必须知道你想要什么、不想要什么，你想要什么样的生活、不想要什么样的生活，你想成为什么样的人、不想成为什么样的人。

"条条大路通罗马"，要达到一个目标总是有许多的路径，大家总想要找到一条最好、最快、快乐多、阻碍少、花力气少的路。这条路通常都是反直觉

的，如果这条路是那么容易被发现，大家都知道有这么一条路，那里早就堵车了，结果是这条路又转变成一条充满阻碍的路。

行动不见得要事前都规划好，不是有人常讲"计划赶不上变化"吗？

但是目标与欲望一定都要事先规划好，开放心胸等待时机出现，做正确的解读、适时的把握。

科技与社会的发展脚步越来越快，我们已经习惯不要用太多的思考而直接照单全收的工作方式，往往把眼前的经验当作是唯一的路。要找到一条最好、最快、快乐多、阻碍少、少花力气的路，就要动脑筋。

广告营销人员不断告诉我们拥有最新商品的快乐，让我们养成一种思考习惯：我要跑得快、我要赚得多、我要买得多，我才会快乐。我们需要更多的钱、更多的朋友、更多的物质、更多的爱情、更多的关心、更多的旅游、更多的肯定，于是我们想办法用更多的时间、更多的注意力、更多的能量去获取上面的内容。

在心理上，将收获与付出分开对待是很重要的。一份耕耘一份收获是最好的结果。有时也可能辛勤工作却颗粒无收。这时候，最重要的是用尽全力做自己喜欢的事情。

时间就是我们的生命动能，根据80／20法则[①]，80％的努力点创造20％的成果，我们需要全神贯注在自己想要的结果上，要有效率但是也要充满愉悦感。[②]否则我们就是为了赚钱而出卖时间，为了谋生而付出努力却耗损了生命。

---

① 80/20 法则最早由意大利经济学家帕累托提出，他发现美国 20% 的人口拥有美国 80% 的财富，全世界 20% 的人口拥有世界 80% 的财富。

② 美国心理学家米哈里·契克森米哈赖对"心流"进行了研究。所谓的"flow"（心流）是指当你感觉时间好像静止不动，而你感到无比快乐的时刻，或是当你发现自己正在做的事情就是你想要做的事，心里希望不要结束做这件事的时刻。

美国网络业者——在线美国曾经做了一项调查①，询问受访者："你还需要多少钱就可以不用再为钱烦恼？"结果越有钱的人需要的钱越多。

这其实告诉我们：用世俗眼光去追求目标，我们一辈子也不会满足。

我有个同事家里经济条件不好，当时他薪水不错，于是申请上班到5点，好让他可以赶去补习准备考夜大。一年后顺利通过考试，公司把他转到会计部门工作。半工半读念了一年夜大后，他告诉我虽然家里需要他这份不错的收入，但是目前的工作内容跟他未来想做的事情相差太远，于是他决定离职，找了一份收入较少但符合他职业规划的工作。

即使是相同的价值观，不同的排列顺序也会影响我们的选择。

如果我们选择的未来是跟自己的价值观相符的，那么未来生活将充满幸福感与快乐感。像是有些人爱钱，只要有钱他就快乐。有些人爱旅游，只要能旅游他就快乐。

观念容易懂，但问题是很多人常常不清楚自己的价值观与排序为何，只好将别人的价值观当作自己的。也有很多父母硬要孩子照单全收自己的价值观，亲子关系不融洽是必然的结果。

一个人的行为是思想的结果，但我们常常心里想的和实际做的不一样。所以下面的表格请你自己填写完第一栏后，再请你最信任且常常跟你相处的人帮你填写第二栏（填写时他不能看到你的答案），比较一下两栏的内容就可以知道自己的外在行为跟内在思想是否有落差。

---

① 《80/20法则》［（美）理查德·科克著，中信出版社］说到，年所得超过10万美元的人，需要的金钱比年收入低于4万美元的人还要多。高收入族群中，认为自己需要再增加9万美元年薪才够的人数，几乎是低收入族群的5倍。

【练习】请从以下字词中依序列出你觉得最重要的三个项目（自己填写）

独立性、受肯定、成就感、休闲时间、权力、声望、金钱、压力、自尊、家庭生活、安全感、个人成长。（测验时你对该字词的解释是什么就是什么，不要问别人的解释。）

1		2		3	

【练习】请从以下字词中依序列出你认为眼前的这个人觉得最重要的三个项目（给他人填写）

独立性、受肯定、成就感、休闲时间、权力、声望、金钱、压力、自尊、家庭生活、安全感、个人成长。（测验时你对该字词的解释是什么就是什么，不要问别人的解释。）

1		2		3	

自己的想法和外在行为是否一致？结果若产生差异说明你的想法并非内心深处真正的想法，为了发现你内心的真实想法，还要进一步通过价值观比较的方法来慢慢寻找。根据我们在"曼陀罗时间管理法"课程中的经验，大约有一半的学生真的了解自己，有一半的学生对自己的认识不够清楚。

价值观的分类有很多种，你可以用下页的九宫格来认识自己的价值观。

【举例】认识自己的价值观

审视价值观时，请依照表格内的八种价值观填写会带给你快乐、带给你满足感、带给你快乐的欲望。

人际 想交朋友 想要爱人	**食物** 想吃美食	**物欲（金钱）** 想过富裕生活 想要独占一个房间
爱（感情） 享受被人喜爱的感觉 想被人家需要（帮助别人） 想结婚、想要小孩	**我的价值观**	**名誉** 想要表现自信 想要突出 想要被肯定
知识 想要更聪明 想要更有学问 想要理解力强	**健康** 希望永远年轻 希望不生病	**创造（事业）** 想拥有成功的喜悦 想要创造一些事

▲举例：认识自己的价值观

【举例】怎样挑选一位好老师／如何当一位好老师

持续不断地投入在该领域的研究，并不断更新教学内容	不断进修其他相关领域，并导入自己的教学内容	愿意更新自己的教学技巧
把学生取得学习成果当成是自己的教学目标，不让学生自生自灭	**怎样挑选一个好老师／如何当一位好老师**	不断研究如何让各种学生都能学得很好
不会老是提自己的当年勇，而是会让学生青出于蓝而胜于蓝	不会光有硕士、博士学历，却鲜有实务上的经验	上课重视与学生的互动，不会让学生觉得上课很无聊

▲举例：怎么挑选一位好老师／如何当一位好老师

3. 信念

80／20法则的关键就是一个人的精力有限，所以我们要把最积极的行动放在最重要的目标上，行动要精简。

改变行动是比较简单的，改变思考模式是比较难的。不过"信念→思想→行动→结果→信念"是一连串的循环。只要我们开始想清楚，然后行动就对了。

如果我们每次看到别人都会主动微笑打招呼，久而久之别人看到我们的时候也会主动微笑打招呼，我们那时一定会觉得自己遇到的人都很友善、很热情。反之，我们觉得别人有可能很冷漠，于是我们不主动微笑也不主动打招呼，以后我们一定会觉得世间很冷漠。

所以我们每一个信念所产生的行动，都会加强我们的信念。

你可以问自己：

（1）生活中哪几样东西对你是最重要的？

（2）哪些行动可以达到你想要的效果，同时又是压力最小与最不紧张的？

要尽量发挥你跟别人不一样的特长，因为这是你很难被别人取代的地方，专注在你擅长的方面，才能改变自己的生活，摆脱过去你对生活不满意的地方。

要成为一个独特的人必须先有自觉。你需要先决定你是谁、你不是谁、你想变成谁、你不想要变成谁，通过刻意的决定与重复行动来强化你的表现，这样你就能成为独特的人。

你必须做出这几个决定：

你最在意的事情是什么？

你最关心的人是谁？

你想拥有的特质是什么？

你想要忠诚地与另一半共度一生吗？他是谁？

你想要生孩子吗？

你想要出类拔萃吗？如果答案是肯定的，为什么你想要出类拔萃？

你想要创业吗？

你想要买房子吗？你想要拥有什么样的房子？为什么你想要拥有这样的房子？

你想要给别人带来快乐吗？

你有把时间跟精力花在会带给你快乐，但是不做也不会有什么影响的事情上吗？如果答案是肯定的，那是哪些事情？

在"成人全脑学习思考训练"的课程中，我发现很多人的学习是没有目标的。这里不是说他们不想学，而是说他们没有想清楚自己"为什么要学？""要学什么？""要学到什么程度？"，所以学习遇到一点困难或是没有立刻见到效果，他们就认为自己不适合该课程而立刻放弃。这就是把学习当作只求"知道"该知识，而没有认识到学习是追求"做到"的过程。

对一个领域知识的大量吸收，才能拥有在该领域举一反三、解决问题的能力。拥有追求"做到"的学习心态，就能通过学习而成为一个真正深入该专业的人。

学习动机是在我们开始动手学之前必须建立的。找出有哪些原因会让你觉得学会这件事情是令人兴奋的。我不要你写非得这么做的理由，因为这种不得不做的学习心态常常就是让我们很快放弃的原因。我要你写的是当你拥有这个能力之后，你会用它来做什么，或是它可以让你达到什么样的境界。

写多少理由不重要，重要的是发自内心的想法，要发掘自己是不是"真心想学好"。不管想学什么，如果不是真心想学而勉强自己学习，学习效果都会打折扣，常见反应是"学这个好像不错""虽然想学但是……"。一旦生活忙碌起来，就会首先放弃学习。

当你真心写下为什么非要学好的理由后，不会轻易产生"学这个真的那么好吗？""能不能晚点再学？一定要现在学完吗？"这些态度松懈的想法。

找出要学习某项技能的意义、好处，学好它之后自己可达到的境界、给自己的生活会带来什么变化，可以参看下面的例子。

是一种让左右脑平衡的训练，脑力表现更好	可延缓失智症发作的一种脑力训练	可以让自己快速累积大量知识，增强解决问题的能力
思考反应速度会加快，观察力会加强	**为什么要学ESI超强记忆术（学好超强记忆术的意义）**	可以缩短学习时间，让我的生活更轻松
可以增加抓重点的能力，让我提高思考效率、自信心	记忆力是创意力+逻辑力+想象力+专注力的整合	可以提升专注力，以加强心智抗压力

▲举例：为什么要学ESI超强记忆术（以日文の字的顺时针方向填写）

同步训练左脑逻辑与右脑创意，帮助左右脑平衡，脑力表现更好	绘制过程中增加学习的理解程度，可以深度思考	快速做笔记的能力能减少学习时间
可以加强让自己想法更正确的能力，得到良好的沟通效果	**为什么要学ESI思维导图特训（学好思维导图的意义）**	容易觉察自己的思绪变化，增强觉察力
懒惰是学不好的，在勤奋学习的过程中可以锻炼自己的意志力	是一种用来锻炼脑力的技巧，可以让自己更快掌握事物的关键	与超强记忆术搭配，可以解决任何学习问题，增强学习信心

▲举例：为什么要学ESI思维导图特训（以日文の字的顺时针方向填写）

阅读是最便宜、最方便的学习方法	提升阅读理解力后，自然也会提升听讲理解力	用最短时间让自己见多识广的方法
是一种用来锻炼脑力的技巧，不断提升自己的逻辑能力	**为什么要学ESI全脑式速读** **（学好眼脑直映快读法的意义）**	阅读是站在巨人肩上看事情的最佳方法，增加思考广度
大量阅读可以减少自己犯错的机会	大量阅读给大脑足够的刺激，延缓失智症发作	正确练习能产生独立思考的能力

▲举例：为什么要学ESI全脑式速读（以日文の字的顺时针方向填写）

【举例】如何把想做的事情做得漂亮

从"做到"进步到"做得好"，这中间的过程正是"熟能生巧"。除了要不断地练习外，还需要正确的学习：学习正确的理论、学习正确的技术、向正确的人学习。

打高尔夫球后曾雅妮曾表示，从小她就在有名的前辈旁边偷偷学习。

引发"全球旋风"的篮球选手林书豪即使受伤了，也不断告诉自己下一秒很可能就会失去一切，故而他珍惜每一个可以打球的机会，在别人休息的时候，他依旧在练球。

蔡依林不仅是歌唱天后，还是翻糖蛋糕全球比赛的冠军，她也公开说自己不是"天才"，而是"地才"，一切都是努力练习而来的。

由此可知，从不放弃，通过不断训练与自我鞭策，才能让他们有令人惊艳的成绩与表现。

通过以上的例子，我们可以运用曼陀罗思考法来想想："熟能生巧的过程中需要哪些条件？"换句话说："要有哪些条件才能做到熟能生巧？"或"达到熟能生巧，要做哪些事情？"

第一步的自我练习：下图是我建议的思考方向，请填写你的想法，在填写时千万不要用别人过去说过的话来欺骗自己的内心。

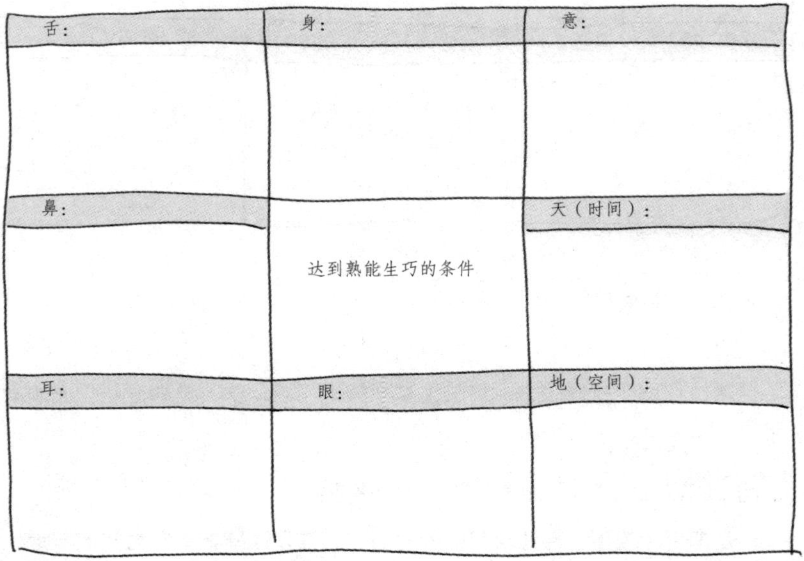

舌：	身：	意：
鼻：	达到熟能生巧的条件	天（时间）：
耳：	眼：	地（空间）：

▲练习：达到熟能生巧的条件

第二步的自我练习：熟能生巧的过程中，会创造出习惯，先想好应该要建立什么样的好习惯，这样才不会在无形中养成坏习惯。

舌：	身：	意：
达成小目标后，就能吃美食	1.备齐练习时所需要的工具 2.达成阶段性目标后，就能买一件新衣	1.挑战自己的意志力 2.挑战自己的极限能力 3.想做到最好或第一名 4.想证明自己也能做到
鼻：	**达到熟能生巧的条件**	天（时间）：
1.练习时使用熏香，创造好心情 2.达成目标后，换发型呈现新的个人味道		1.排定固定时间练习 2.排定固定的练习量 3.排定练习的频率 4.练习时设定勿干扰模式
耳：	眼：	地（空间）：
请家人同事提醒自己努力	张贴短、中、长期各阶段的目标在显眼处	在家整理出一个练习的空间

▲练习：达到熟能生巧的条件

马正在狂奔，显然骑士正赶着去某个地方。一位路人见到此状，大声询问骑士："你要去哪里？"

骑士回答说："我不知道，你问我的马吧！"

这是禅宗的故事，描述在我们的生活中，许多人骑着马努力往前奔跑，他们不知道要去哪里，也没有办法让马停下来。

马就是我们的习性，它是一种无时无刻不在推着我们不停赶路的无情力量，也可以称之为习惯、惯性、生活模式。人人都想活出成功的自己，但很多时候，我们心里想往东走，习惯（习性）却牵着我们往西走，习性让我们离目标越来越遥远。

我们怕明天会跟今天一样后悔，于是发誓不再重蹈覆辙，但明天又故伎重演，为什么？就是因为习惯（习性）的驱使。

妨碍我们精益求精、熟能生巧、把事做得漂亮的因素有好几个，有人可能只有一项，有人可能同时有好几项，我们必须先了解过去我们做不好的因素，才能找到破解坏习惯（习性）的办法。

以下是一些妨碍我们把事情做得漂亮的因素以及相应的解决方法：

1. 听从了错误的建议。别再为过去的失败责怪自己，也许你过去遵循的建议根本就是不恰当的建议。从现在开始努力听取正确的建议。

2. 任凭负面情绪泛滥。情绪总是来来去去，有时我们知道也意识到自己应该往东走，但是今天心情不好连提起脚来往前一步都不愿意，负面情绪就像小孩捣蛋一样，总在你最不想要它捣蛋时就来捣蛋。负面情绪占据了我们的注意力，这时停下你所有的动作包括心念，先让心情平静下来，休息一下，别让负面情绪牵着走进负面思考的回路中。

3. 长期的身体不适。身心会互相影响，生病的人总是情绪不佳，做什么事情都是懒懒的。这种情况下，要好好地关心自己的身体健康，进行适量的锻炼，拥有一个好体魄。

4. 环境的干扰。人无法和所处的环境完全分开，过去种种的情绪问题，可能在于我们没有获得足够支持我们保持正面情绪的正确环境。努力营造一个良好的学习工作环境。

我以上述四个角度，先绘制了一个八段论法的曼陀罗（见下页图），让我们在建立正面思考的习惯上尽可能地移开阻碍我们达到目标的小石头。左右两侧是跟个人相关的两项因素：保持正面情绪、保持身体健康；上下两项是跟他人相关的两项因素：避免听从错误建议、处在正确环境。

1.每天十五分钟静心 2.每天写赞美日记 3.每天阅读正面文章 4.每天感恩遇到的好事 5.定期与在各种领域支持我们想法的人员聊聊	处在正确环境	1.在公司与家庭外找到支持我的专业人员 2.在家整理出一个努力的空间 3.定期接受专业人员的协助与辅导
保持正面情绪	把事情做得漂亮	保持身体健康
1.得到某建议时，去寻找该领域的专家做确认 2.平时搜集相关的新闻信息 3.平时搜集相关的专业书单与专家名单	避免听从错误建议	1.依据医生与营养师的建议饮食 2.保持每日一万步的活动量 3.提早一站下车，改用走路抵达目的地

▲举例：把事情做得漂亮

【举例】面对逆境的正向思考

丹麦未来养老院里的老人照护设施非常先进，那里曾经建设了无障碍安全空间，后来人们却发现完全无障碍空间和过于周到的照护，反而加速了高龄者的腰腿衰弱，缩短了他们的寿命。

这表明把所有的压力从人的身上去除时，反而不利于健康。适度的压力带给你动力和快感，过大的压力超过自己的能力负荷，让你产生焦虑。

适度的压力是锻炼内心的工具。我们可以试着从一些生活琐事开始来累积内心的力量。例如：一个人去看电影、提早三十分钟起床、比同事多写一份策划书等等。

当人已经处在过大的压力状态下，他的思考、言语、行动变得负面时，会持续累积心理压力，这些压力又让人的思考、言语、行动变得更加负面，从而进入一种恶性循环，久而久之就容易产生疾病。例如：长期抽烟的行为，是向身心宣告"我并不在乎我的健康"，人的内心是希望自己健康的，当想法与行为不一致时，内在心理会产生一种压力，导致身体接收到有形毒物与无形的心理压力，那么"老烟枪"当然会比一般人容易罹患疾病。

健康的人都会有意志消沉的时候，生病则会让人的意志更加消沉，生病通常是身心皆处在很强的负面状态，故心理学上常将身患重大疾病列入影响人生的重大事件，生病者不仅身体要遵从医生的指示进行治疗，心理健康也要交给心理医生来帮忙。专家可以帮助你观察分析问题，以更全面的视角看清你的现状，专家是为我们提供解决方法的人。

日本精神科医师和田秀树建议：想整理内心时，请找临床心理师；因为照顾问题而烦恼的人，请找照顾策划管理师；因失去亲人而痛苦的人，请找悲伤关怀辅导员；受到上司职权骚扰，请找工会和律师；有职场人际关系烦恼，请找职业咨询师；因夫妻关系而烦恼，请找婚姻咨询师；家庭问题，请找家族治疗师。

针对短时间出现的负面情绪，可以在曼陀罗的垂直思考法中，融入临床心理学的"正向思考路径ABCDE原则"来协助自己找出负面因素，这样才有机会扭转负面思考方式。

有一个统计上的说法是，一个负面的坏情绪需要通过三个正面的好结果才能完全消除，所以尽量多写正面想法，写的越多越好。平日多累积小小的正面想法对于心理锻炼很有帮助。

5.Energizing 强化正面想法	6.Energizing 强化正面想法	7.Energizing 强化正面想法
4.Disputation 加入反驳以抑制负面想法与情绪	1.Adversity 挫折出现	8.Energizing 强化正面想法
3.Consequence 负面想法引发的结果	2.Belief 负面想法	9.Energizing 强化正面想法

▲ 正向思考路径ABCDE原则

5.Energizing 强化正面想法	6.Energizing 强化正面想法	7.Energizing 强化正面想法
下班后开始进修管理学	尝试改变工作流程，以降低 人力负担，节省人事成本	开始调整生活作息，兼顾 家庭生活
4.Disputation 加入反驳以抑制负面想法与 情绪		8.Energizing 强化正面想法
1.小单位管的事情少，或许会 比较悠闲 2.管的人少，正好学习当个领 导人 3.有能力就不用怕裁员后找不 到工作	1.被调职到小 单位当主管	利用业余时间培养第二工 作专长，为可能的裁员做 转职准备
3.Consequence 负面想法引发的结果	2.Belief 负面想法	9.Energizing 强化正面想法
1.被裁员的危机大增 2.升迁通道受阻	1.不受上级重视 2.不受上级信任 3.资源不多很难做事 4.明升暗贬地被降职	当个不可或缺的小螺丝 钉，让小单位变成大单位

▲举例：被调职到小单位当主管（以日文の字的顺时针方向填写）

【举例】培养挫折复原力

我很喜欢日本电视剧《Chef三星营养午餐》里女主角说的一句话："不是强者胜，而是胜者强。"正如中国古人云："胜者为王，败者为寇。"一般人根本不管你在办事过程中遇到多少艰辛与困难，只要你的最终结果是好的，大家就认为你是赢家！但常常挫折来临时，身体还能撑下去，心理却撑不下去了，此时要如何度过不为外人所知的艰辛过程呢？

美国宾州大学心理系教授卡伦·莱维奇与安德鲁·沙特尔指出："成功与失败的分界点不在教育、训练、经验，而在于挫折复原力。"挫折复原力包含：从困境中复原的能力、战胜日常工作的困难与压力或是从重大挫败中重新站起来的毅力。更积极的层面是追寻新意义或追寻新挑战的勇气。具有挫折复原力的人有六项特质：

1. 做情绪的主人：不受情绪影响。

2. 务实乐观的态度：对未来有正面的期待。

3. 弹性思考：不会一味怪罪别人或自责，不固守单一想法。

4. 体贴他人：试着了解对方的想法与当下的感受。

5. 相信自己的掌控力：愿意面对环境、改变环境，而非受制于环境。

6. 挑战自我：愿意跳脱现有的成就，追求新挑战或新成就。

我们可以运用九九八十一宫格的曼陀罗思考法来找出能鼓舞自己的方法，将它张贴在你容易见到的地方，随时自我激励。

第一步，先用九宫格做第一层次的思考，建议运用眼、耳、鼻、舌、身、意、天、地这八种角度来拓展我们的思考广度。以"让我开心的方法"为例：

舌：	身：	意：
鼻：	让我开心的方法	天（时间）：
耳：	眼：	地（地点）：

▲练习：让我开心的方法（以日文**の**字的顺时针方向填写）

舌： 好吃的餐点	身： 整齐的衣柜	意： 赞美自己
鼻： 清新的味道	**让我开心的方法**	天（时间）： 睡到自然醒
耳： 美妙的声音	眼： 干净的环境	地（地点）： 居高临下的山区

▲举例：让我开心的方法（以日文**の**字的顺时针方向填写）

第二步，以上面的答案为新的主题，分别制作成九个九宫格，做第二层次的思考，完成九九八十一宫格。这时你想写什么就写什么，不一定要使用"眼、耳、鼻、舌、身、意、天、地"这八种角度来思考，若填不满格子也没有关系。

达成阶段性目标后，吃一次炸沙朗牛排	每月跟一好友吃一次甜点下午茶	每月吃一次素食	学习让衣服站起来的折衣法	统计出绝对不适合穿的款式，张贴在衣柜前	统计出绝对适合穿的颜色，张贴在衣柜前	写下最优美的赞美语，每天听一次	每天感谢一个家人	每天写下一件小的好运或事情顺利的事情
每月吃一次炸薯条	好吃餐点	每月吃有机栽培的水果餐	每半年捐出两年都没有穿的衣服	整理衣柜	落下丢一件衣服才能买一件的原则	每周挑出新的赞美语贴在书桌前	赞美自己	每周写下一件小的挑战
每天上午喝一杯庄园咖啡	每天下午喝一杯满满热气的绿茶	每月吃一次鸡排	两个月没穿的衣服就装箱	张贴断舍离的标语在衣柜前	丢弃超过三年没穿的鞋子	每周挑出新的赞美语贴在床前	想到就写赞美自己的话语在小册子上	每周写下一件小的成就
在手帕上喷玫瑰精油，放在包包中	达成阶段性目标后，奖励自己一条异国风情的丝巾	达成阶段性目标后，买一小罐异国风味的冰淇淋				晚上11点前入睡	早上在窗边吃早餐	周末晚上10点30分前入睡
工作时送香味道	清新味道	换上新风格的抱枕	让我开心的方法			晚上10点前洗完澡	睡到自然醒	晚上不使用社群网站
每天睡前点上薰衣草香香	达成阶段性目标后，奖励自己一小瓶按摩精油	沙发换上新风格的布套		整理植栽	丢掉一年末用的杂物	学习治疗疾病的刮痧疗法	依据睡眠周期安排睡觉时间	每周用刮痧法来促进新陈代谢
窗户加上隔音窗帘	小孩呼唤声当手机铃声	录下自我鼓励的话，每天听一次	清洗家具	干净环境		旅游管安排山区行程	去到山区时，就到河堤俯瞰河水奔流	
窗户换双层气密窗	美妙声音	录下名人每天睡前一次	清洗厨具		丢掉一年末看的书	心情不好时，向家人请假到山区看风景	居高临下的山区	
鸟鸣声当门铃	古典乐当门铃	录下感谢自己的话，每天睡前听一次	捐出药物	整理书柜	丢掉过期一年以上的杂物	每月一次到山区咖啡厅喝下午茶	达成目标后，到山区旅馆过一夜	

▲举例：让我开心的方法（以日文字的顺序的针对方向填写）

【举例】赞美日记

A集团老板私下说："我的年龄跟郭台铭差不多，但是我的身价跟郭台铭差很多，我觉得我的能力不高，不如人。"

面对身价已经是十几亿的老板，我不改直言不讳的性格说："我能明白你们男人喜欢用自己赚多少钱来评价自己能力的高低。"

我常在课程中跟学生分享说，我们人类很容易拿自己的弱点去跟别人的优点做比较，然后就觉得自己很差劲。

未婚女人喜欢用自己的外貌、身材、打扮、职位、收入、年龄（年轻的觉得自己有年龄优势）、家世背景作为比较项目。

有男友或是已婚女人喜欢用另一半的外貌、学历、收入、打扮或小孩的成绩、收入、外貌、孝顺行为、给自己的礼物等作为比较项目。（有些女人还喜欢比较谁的生活更不幸、更倒霉）

男人喜欢用自己的职位、收入、车子品牌，甚至过去的女友数量作为比较项目。

以上这些比较项目90%以上是会让你不开心的。

我觉得拿自己现在的优点跟自己过去的优点做比较，才是有建设性且没有副作用的比较，百分之百能让你越比较越开心。

B小姐认为自己从小就是不起眼、个性内向的人，即使是身处女校，下课时间也不敢主动找同学讲话，即使有同学来找她聊天，B小姐也不太敢发言，只是静静地听同学们说话。

工作后B小姐依旧不敢跟同事说话，她总是一个人默默地躲到他处吃午餐，无法跟同事一起用餐。她多次参加下班后的进修课程，上课时不敢公开提出自己的疑问，下课后还是没胆子单独去询问老师问题的答案，所以进修结果并不好，渐渐地也被周围人所轻视。

B小姐自觉每天都过得很无聊且忧郁，她陷入了一种负面思考的回路中。

日本有三十年从业经验的精神科医师和田秀树提出过度在意"希望被喜

欢""不想被讨厌"的人，反而会受同侪压力的影响，容易成为同侪压力的俘虏变成害怕孤独的人。"世界上几乎没有绝对正确的事"，和田秀树建议拓展人际关系的第一个重点在于先接受对方的意见之后你的意见才有机会被对方接受。第二个重点是不要过分强调自己的价值观，特别是与别人产生不一样的想法时。

根据"脑神经的可塑性"，每天脑细胞都会新生和死亡，也会形成新的神经连接回路。同时大脑神经跟身体肌肉一样是用进废退的，越常使用的神经回路就会越粗壮，越不常使用的神经回路就会越纤细，甚至可能会消失。

悲观或没自信的人，负面思考的神经回路肯定很粗壮，光靠一两次的赞美自己是很难消除负面思考的神经回路与建立粗壮的正面思考的神经回路，这时就要靠赞美日记来帮忙。

日本手塚千砂子在《让你幸福起来的赞美日记》（机械工业出版社）一书中提到，自我赞美比别人赞美的激励效果还要好，自我赞美还可以让你学会客观地观察自己，接受自己的缺点，且将缺点转化成自己的优点。

要赞美自己，其实很简单，写下自己对某事件的想法，并想办法从该事件中找到自己的优点。我们可以运用曼陀罗的垂直思考法来完成以下的赞美日记。优点数当然是越多越好。

手写赞美日记能帮助大脑建立粗壮稳固的自信的神经回路，你会更喜欢自己，心情会更加轻松愉快，渐渐地旁人也能感受到你的自信，会更喜欢与开心的你相处。

或许你会怀疑：这样会不会变成一个"自我感觉良好"的人？我要告诉你，绝对不会！因为由负面思考的神经回路的人来写赞美日记，刚好让思考神经回路产生平衡。

或许你会认为自己一点优点都没有，赞美日记一点都不适合你，在此我借由手冢千砂子的话来回答你："你能够活到现在，表示你发挥着各种能力。"

提升赞美日记效果的关键在于手写你的优点，请先为你准备好一本笔记本。接着就是每天记录你认为是理所当然的事情，然后换个角度来想想这些事情，最后多多挖掘这些事情背后所隐藏的自己的一些优点或能力，并大大地赞美这些优点或能力。

曼陀罗思考法的九宫格形式有一点点的强制性，会让大脑想办法把格子都填满，渐渐地你就能把九个格子都填满的。

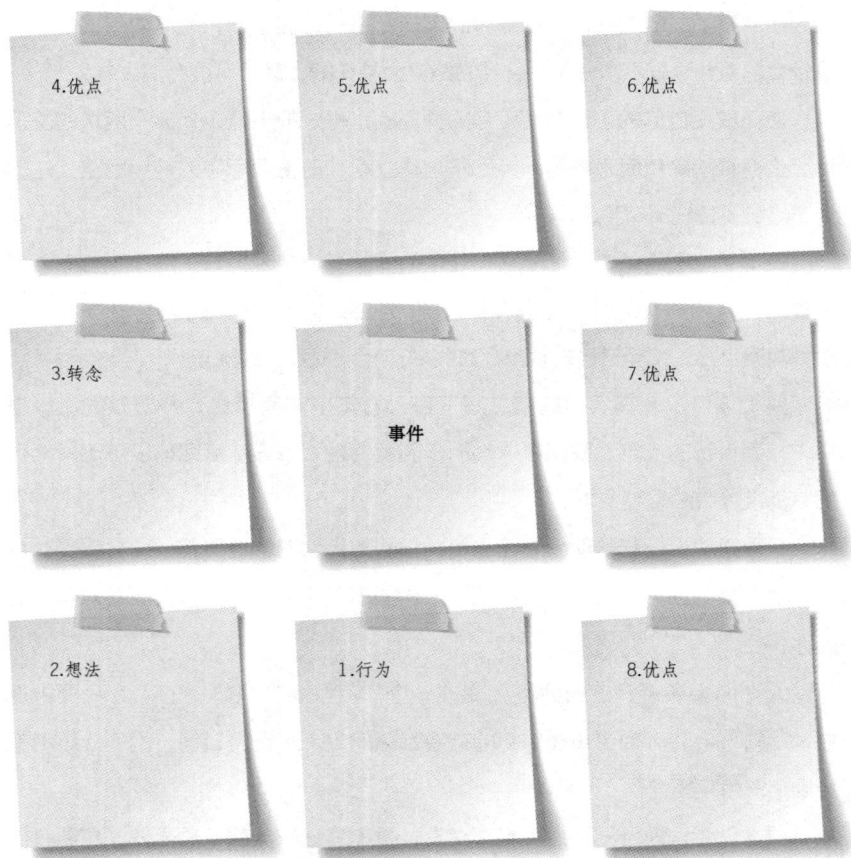

4.优点	5.优点	6.优点
3.转念	事件	7.优点
2.想法	1.行为	8.优点

▲用九宫格写赞美日记（以日文*の*字的顺时针方向填写）

不赶紧写信给对方，怕对方担心，我真贴心	我下了决定就能做到，我很有毅力与意志力	写信时间比我预期的要少，可见我的写作能力提升了
我很了不起	**写信给朋友**	
很想睡，但还是要求自己今天要把信写完	晚上十二点写信	

▲举例：通过写信给朋友这件事赞美自己（以日文**の**字的顺时针方向填写）

加班时间比预期的短，可见我的整理资料能力增强了	考虑主管的老花眼，特别在排版上加大字号，我真是贴心	主管对这个领域的资料很重视，以后我要更加投入地搜集资料才行，能注意到这一点，我的观察力不错
像《穿普拉达的女王》的女主角一样，把主管的要求都当成训练自己的好项目	**主管要求快点把资料写出来**	这次大量使用Powerpoint软件，让我的计算机使用速度大增，我又成长了一大步
被主管骂很难过	加班一小时，完成资料	虽然因加班而晚回家，但是回家路上不堵车，看到不同的城市风景也很好

▲举例：通过主管要求快点把资料写出来这件事赞美自己（以日文の字的顺时针方向填写）

二、目标设定——一页纸奇迹

你曾经每年元旦都会许下一个新年愿望吗？

你曾经每年的愿望都是一样的吗？（说明愿望完全没实现）

你曾经在每年年末都会感叹自己是个"鲁蛇"（loser，失败者）吗？

这种停滞性的人生，你想改变吗？（不想改变的人，请跳过这个章节）

有停滞性的人生，是因为你把别人的生活目标或生活标准当成是你自己的。

人生，是来自每一天时间管理的效果累积。例如以下这件事中我犯的两个错误，导致了"常常失败"的结果。

前阵子我在网络上看到一篇文章，说生姜红茶对身体好，于是我立刻问爱喝饮料的朋友对生姜红茶的想法。

朋友说："生姜红茶很好喝哦，你一定要试试看。"就冲着这句话，我决定自制健康的生姜红茶。

因为心中期待能喝到天然又好喝的生姜红茶，在盛产生姜的季节，现榨的生姜汁很容易买到，第一个小关卡解决了。

但是买红茶时，我有点犹豫不决了。站在红茶柜前，面对很有名的红茶产地，我心想："我到底是要选大吉岭还是锡兰？旁边那种一般产地未知的红茶，应该不要选比较好。"

我最终选定大吉岭红茶，回家后立即做了生姜红茶。结论是："好难喝！"

这个结果让我突然惊觉到：我们的人生中不是常有这种自以为是、盲目的时候吗？

我犯了两个错误：

1. 看轻了专业性。我这次没有先找到生姜红茶的最佳比例，就急着自己实验调出饮料。生活中，常有那种听到别人说什么什么好，大家就一窝蜂地投入，看别人赚了很多钱，就以为自己也能很快地跟着赚钱，完全忽视专业性的思考模式。很多人买股票、做投资常赔钱就是这种情况。

2. 不知道什么是最适合的。用知名度来当作挑选红茶的标准，但没想到这个标准是否是正确、合适的标准。有些人将艺人、偶像、网友、父母的想法或意见作为自己的想法或意见。我不是说谁的意见都不要听，而是说我们要分清楚别人的意见是在什么样的标准下得出的。

如果对方的标准并不适用于当下的自己，那么这样的选择肯定是错误的。或是明知道自己的判断标准可能是有问题的，但碍于"大家都这样说""大家都这样想"，所以忽视自己的怀疑，选择从众。有些人结婚一年就离婚，这些人中有部分可能正是这种情况，自以为挑选"大家口中最完美的那个人"总没错，可偏偏就是挑错了。

自制生姜红茶这件事情，刚好印证了我自己常在时间管理课程上分享给学生的重要观念：做错事情，才最浪费时间！

事情做错了你只好再做一次，等于是一件事情用了两倍的时间才完成，这种情况是最浪费时间的。

很多人会抱怨自己一事无成，原因是自己没有"在对的时间，做对的事情"。

什么是对的事情？能帮助你达成个人真心想要的人生目标的事情，就是对的事情。

这个阶段我们要进行具体目标的设定，也就是：你的梦想是什么？在达到你的梦想的过程中需要做哪些事情？

想要达成目标，必须有两点要同时存在：

1. 可行的具体行动。"在5年后我要用投资股票赚到100万"，优于"我要

用投资股票赚到100万"，优于"我要赚到100万"，优于"我要赚到钱"。

2. 可视化。一定要写出来让自己看到，不能只在脑中想。目标数过多，等于没有聚焦行动，也就等于没有目标。前面也说过短期记忆的宽度是7±2，所以九宫格的曼陀罗是最佳选择。

一般的职业规划都会告诉我们要做未来十年的计划、五年的计划、一年的计划，这个比较适用于学生时代，因为80%的环境变化是可以预测的。

就业之后，多数人总会发现计划赶不上变化，十年计划似乎是充满变数的，近几年连金融市场的景气循环周期都缩短为3.7年了，五年计划似乎也是太长了。我以前都会教导学生要做好三到五年的具体计划，现在我也修正了，建议大家先拟订未来三年的计划或未来一年的计划是比较实际的。不管是三年计划还是一年计划，其中所列出的具体行为，都需要每年审视调整一下。

如果改成十年目标、五年目标、一年目标，这种时间分法也可以，因为目标可以是"不具体"的概念，而计划则必须是"具体"的行为。

小心！我们常常高估未来一年可以做到的事情，却常常低估未来三年可以达成的成就。

制作"目标九宫格"时，为避免思绪干扰，最好是一张纸上只有一个曼陀罗。写完后将它贴在书桌前或是化妆镜旁，天天提醒自己去按照计划做，三年后你就会发现自己已经在无形间达成这些目标。我称之为"一页纸奇迹"！

【举例】未来三年内做好（　）角色，我现在要做什么

写计划就是要写出具体的行为，这里我在（　）内也列出"非具体"的目标作为比较，让大家清楚什么才叫作"具体"的行为。

每天告诉孩子一件他做得很好的事情（培养孩子的荣誉感）	针对孩子的生活习惯做出严格规定（培养良好家教）	即使假日也要让孩子晚上十点前上床睡觉（帮孩子健脑）
每天睡前让孩子检查完书包才能睡（让孩子不会丢三落四）	**好父母角色**	每天准备五谷与高蛋白早餐（给孩子提供均衡营养）
每周六晚上让孩子与爷爷奶奶相处（让孩子学会孝顺）	每周日晚上两小时全家阅读，不准任何人看电视（培养孩子的阅读习惯）	每天孩子念书时，自己也要在旁边看书，不准任何人看电视（培养孩子的阅读习惯）

▲举例：未来三年内做到孩子眼中的"好父母"角色（以日文の字的顺时针方向填写）

好父母角色

▲练习：未来三年内做到孩子眼中的"好父母"角色（以日文の字的顺时针方向填写）

好配偶角色
（好情人角色）

▲练习：未来三年内做到"好配偶"或"好情人"的角色（以日文の字的顺时针方向填写）

好亲戚角色

▲练习：未来三年内做到"好亲戚"的角色（以日文の字的顺时针方向填写）

好朋友角色

▲练习：未来三年内做到别人眼中"好朋友"的角色（以日文の字的顺时针方向填写）

好下属角色

▲练习：未来三年内做到主管眼中"好下属"的角色（以日文の字的顺时针方向填写）

好主管角色

▲练习：未来三年内做到下属眼中"好主管"的角色（以日文の字的顺时针方向填写）

好同事角色

▲练习：未来三年内做到"好同事"的角色（以日文**の**字的顺时针方向填写）

客户眼中的
好角色

▲练习：未来三年内做到"客户眼中的好角色"（以日文**の**字的顺时针方向填写）

好社团团员
角色

▲练习：未来三年内做到"好社团团员"的角色（以日文**の字**的顺时针方向填写）

社会好义工
角色

▲练习：未来三年内做到"社会好义工"的角色（以日文**の字**的顺时针方向填写）

【举例】准备参加马拉松

兰妹是个时髦的都市女，看到很多艺人纷纷加入跑步的行列，有些艺人甚至完成了马拉松赛或是铁人三项大赛，她很羡慕这些人不仅获得了健康，也获得了演艺工作以外的掌声。

兰妹想想自己工作上的表现虽然获得公司的赏识，但也就是个平凡的上班族，于是也想在工作领域外获得额外掌声，例如完成马拉松比赛。但是她从小就不是一个很爱运动的人，跑400米就已经气喘吁吁，现在要完成42.195千米的马拉松似乎是攀爬一面通天高的高墙，是一场很艰难的挑战。就一直这么想着想着，兰妹的马拉松一直停留在脑中。

当我们内心想要达成某项结果，也愿意依照别人的脚步努力去做，为什么最终还是没有达成该项结果呢？

心理学家阿尔伯特·班杜拉提出"自我效能感"是所有行为变化的基础。"自我效能"就是指一个人相信自己能够显著地影响他能够做到的事。那些相信自己能够通过一些方式来完成马拉松赛的人，会设定在他们自己看来完成马拉松赛必须达到的目标。他们相信这些目标是能够实现的，相信自己有达到目标的行动力。有自我效能感的人，就会自己想办法安排出参加马拉松赛的练习目标、计划。

"知易行难"，就是讲像兰妹这种没有"自我效能感"的人，虽然知道完成马拉松比赛会赢得额外的掌声，但具体行动时，会把事情想得比登天还难，自己先吓自己，就这么裹足不前。我建议这类型的人赶紧拿起你的白纸跟笔，立刻动手画出你的曼陀罗。别小看这个动作，开始动手写曼陀罗后，你就会深刻地感受到自己已经转变，目标也变得不是很难达到，这时你已经是个有"自我效能"的人了！

跑马拉松就跟做退休金的理财规划一样，不是今天开始做，明天或下个月就要立刻退休，而是先把终极目标切割成阶段性目标，今天只要把眼光放在阶段目标上就好，这样就不会知易行难了。

我们可以运用曼陀罗的垂直思考法，想想怎样把42.195千米的目标变成阶段性目标。

目标是一年后参加全程马拉松赛。定下每个阶段性的目标，将一年12个月分成四个阶段，以2＋1个月为一个阶段，把每一个阶段当成一个里程碑。

跑马拉松，是专业性的运动，使用错误的练习计划反会对身体造成伤害，真正的练习计划请与专业马拉松教练讨论后制订。

另外，每个人的体能状态不同，不可能会有两人使用同一份练习计划，在此仅以跑马拉松为例，教大家如何定下阶段性目标，这不代表你可以直接拿下面的范例执行。

4.第二个一个月	5.第三个两个月	6.第三个一个月
依据最近练习结果，增加或缩短练习距离	1.稳定负荷量为目标 2.提升乳酸代谢能力 3.提升最大摄氧量	1.维持长距离的练习 2.维持练习的次数
3.第二个两个月	**一年后 参加全程马拉松赛**	7.第四个两个月
1.增加肌肉耐力 2.增加有氧能力		1.维持长距离的练习 2.交错短距离与长距离的练习 3.维持练习的次数
2.第一个一个月	1.第一个两个月	8.第四个一个月
依据最近练习结果，增加或缩短练习距离	1.增加肌肉耐力 2.增加有氧能力	1.轻松跑 2.少量短距离的练习 3.比赛配速的训练

▲举例：一年后参加全程马拉松赛

【举例】养成顶级运动员的心理素质

阳岱钢，1987年1月17日生，阿美人，为旅日棒球选手。

2005年高校生选秀第一名，是日本职业棒球（以下简称"日本职棒"）史上取得名次最好的中国人。

2006年首次升为日本火腿队一军，但没有任何出场记录。

2006年参加台湾地区洲际杯棒球赛，赛后荣获"得分王"荣誉。

2007年获得日本火腿队一军先发机会，吞下两次三振的好成绩。

2012年获日本职棒太平洋联盟外野手金手套奖，成为第一位日本职棒金手套奖的外籍野手。

2013年获台湾运动精英奖的"最佳男运动员奖"。

看到阳岱钢的记事年表，你想的是什么呢？

B："好厉害！好羡慕他的能力这么强！"

A："没想到他有这么厉害啊！"

一直羡慕别人的成就、一直赞赏别人的成就，这样的思考就够了吗？你注意到这个时间点的隐含信息了吗？

2006年，在广受好评下，却得不到任何表现机会。

姑且不谈运动员，如果是一般的上班族或学生，在这种情况下你觉得这个人会怎么做呢？躲在家大叹时不我予？说话语气总是愤世嫉俗？到处逢人诉苦？一点小事就上网求安慰？还是更激进地宣传这个世界本来就是不公平的？

这些事情阳岱钢都没有做，他选择继续努力，并没有因外在干扰而忘记自己的目标。所以要想取得成功，就必须时刻牢记自己的目标。

首先，请倾听自己的内心。在内心深处，我们在渴求什么？

其次，请时时把你的思考专注在一个焦点上，我要如何去满足这个渴求？个人的信仰、与他人的交流，这些因素是不是以某种方式来妨碍你满足这个渴求？

最后，请思考"最大的敌人是不是就是我自己"，是不是已经投入足够的时间与努力去满足这个渴求。如果不是，请找出原因。

以上这些问题不是一时半刻就能回答得清楚，答案可能也很复杂，需要花时间去寻找，有时需要痛苦的自我反省。

如果我们的时间有限，较为方便的做法是参考多位运动领域的专家建议，让自己从中挑选出最主要的心理素质。下面让我们用曼陀罗思考法帮助我们寻找答案。

第一步，运用曼陀罗的四段论法填写最主要的四项心理素质，并正确理解这四项心理素质的概念。

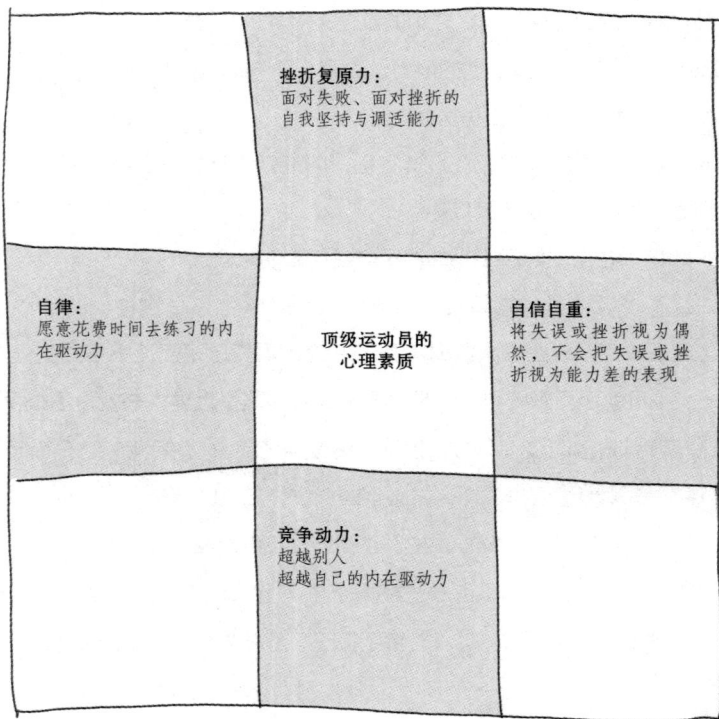

	挫折复原力： 面对失败、面对挫折的 自我坚持与调适能力	
自律： 愿意花费时间去练习的内 在驱动力	**顶级运动员的 心理素质**	自信自重： 将失误或挫折视为偶 然，不会把失误或挫 折视为能力差的表现
	竞争动力： 超越别人 超越自己的内在驱动力	

▲举例：顶级运动员的心理素质（四段论法）

第二步，开始进行曼陀罗的八段论法，以四项核心能力为目标，思考达成这四项目标应该要有的行为与信念。

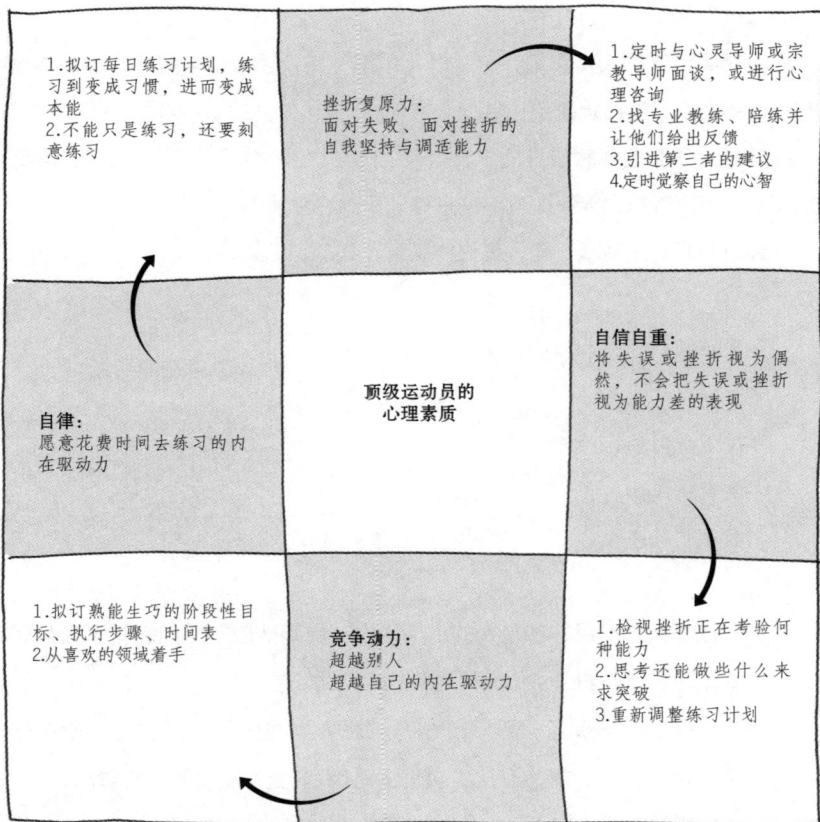

1.拟订每日练习计划，练习到变成习惯，进而变成本能 2.不能只是练习，还要刻意练习	挫折复原力： 面对失败、面对挫折的自我坚持与调适能力	1.定时与心灵导师或宗教导师面谈，或进行心理咨询 2.找专业教练、陪练并让他们给出反馈 3.引进第三者的建议 4.定时觉察自己的心智
自律： 愿意花费时间去练习的内在驱动力	顶级运动员的 心理素质	自信自重： 将失误或挫折视为偶然，不会把失误或挫折视为能力差的表现
1.拟订熟能生巧的阶段性目标、执行步骤、时间表 2.从喜欢的领域着手	竞争动力： 超越别人 超越自己的内在驱动力	1.检视挫折正在考验何种能力 2.思考还能做些什么来求突破 3.重新调整练习计划

▲举例：顶级运动员的心理素质（八段论法）

【举例】一定要实现的新年新希望

诗云是个爱家的女生，因为爸爸重病，妈妈是全职的家庭主妇，因此她扛起全家的生计。诗云知道制订好未来一年的工作计划可以提升工作效率，所以她把这样的概念用在生活中，决定制订好未来一年的生活计划，希望能改变自己的总体生活。

没想到诗云的新年愿望，连续好几年都一样，因为每年制订计划，却每年都没有落实，当然新年愿望也就无法实现。

哈佛大学心理学教授丹尼尔有个有名的"白熊效应"，这个效应告诉我们越想着"不可以想白熊"，反而越意外地执念在白熊上。

你是不是也跟诗云一样，是这样制订计划的，例如：

不要拖拖拉拉；

不要睡前吃消夜；

不要浪费时间；

不要乱买东西；

不要常常玩手机。

虽然这些计划的目的都是好的，但因为"白熊效应"反而刺激了大脑反复上演不要做的事情，加强了负面行为的神经回路。

另外，想法与行动不一致。想法是"想要更健康"，行动是"拒绝吃消夜"，这样的不一致性会消耗脑力与精力，让我们更难落实新年愿望。

应该把想法与行动的用语改成一样的，例如：

不要拖拖拉拉　→　即知即行；

不要睡前吃消夜　→　早点睡，多喝水；

不要浪费时间　→　依照时间计划表去做；

不要乱买东西　→　依照购物清单买东西；

不要常常玩手机　→　想要联络对方时才拿出手机。

有了正面用语的行动目标，接着就是要拟订出时间表。没有时间表或截止日期的计划，目标是不会有实现的一天的。

因为很重要，所以再说一次，曼陀罗思考法，因为它的视觉表现形式就是许多空白格子，对于不知道该怎么思考的人，或是不知道该从哪些方面开始思考的人会很管用，因为看着空白格子，自然而然大脑就会想要去填满空格，渐渐地你就完成了一年的计划。

六月：	七月：	八月：	九月：
五月：	新年愿望		十月：
四月：			十一月：
三月：	二月：	一月：	十二月：

六月： 规划父亲节礼物	七月： 考全民英检高级	八月： 规划周年庆购物清单	九月： 排出半年的运动计划
五月： 1.全身体检 2.购买夏季服饰	新年愿望		十月： 1.牙齿检查 2.联络好友聚餐 3.年度购物
四月： 牙齿检查			十一月： 1.享受年假 2.审视投资结果
三月： 规划母亲节礼物	二月： 1.排出半年的运动计划 2.列出每月书单	一月： 1.过年年货采购 2.捐赠旧衣物	十二月： 1.规划明年愿望 2.规划过年打扫计划 3.规划明年自我进修计划

▲举例：新年愿望实现的计划（以日文の字的顺时针方向填写）

【举例】迎接流浪猫成为"毛小孩"

人跟宠物的关系，早就超越了饲主与动物的关系，转为爸妈跟小孩的关系，对宠物的称呼也变成了"毛小孩"。"毛小孩"是拟人化的称呼，猫、狗两者的智商为人类两岁的智商，我们直接从思考人类生活中的各种情况的角度来思考"毛小孩"的需求，就可以照顾猫这个"毛小孩"。下面以猫这个"毛小孩"为例画一个照顾计划九宫格。

4.撒	5.唾	6.行
3.拉		7.育
	照顾"毛小孩"	
2.喝	1.吃	8.保健

▲练习：照顾"毛小孩"（以日文 **の**字的顺时针方向填写）

4.撒	5.睡	6.行
1.猫抓板或猫抓柱——磨爪子 2.逗猫棒——每日需跟猫玩三十分钟建立感情 3.玩具——日后再准备即可	猫窝——可用篮子或垫子代替，放在温暖的角落，离食物区近一点，离猫砂盆远一点	1.外出提篮——要够大，搭公共交通工具时使用 2.外出用猫绳
3.拉		**7.育**
1.凝结型猫砂——小颗粒，猫咪比较喜欢，要丢入垃圾桶 2.崩解型猫砂——大颗粒，使用后可当肥料或是丢入马桶冲走 3.有盖子的猫砂屋或猫砂盆——长度需为猫咪身长的1.5倍为佳 4.猫砂铲 5.猫砂垫——可用脚踏垫代替	照顾"毛小孩"	1.刚带回家时不要主动靠近，等它自己靠过来 2.收好散发食物味道的塑料袋 3.收好闪亮的小东西，如回形针等 4.小心幼猫会咬电线 5.移除对猫有害的各种居家常见植物 6.收好药品与杀虫药
2.喝	**1.吃**	**8.保健**
1.每天换水 2.饮水用盆碗——不锈钢或陶瓷为佳，每日清洗	1.用餐专用盆碗——不锈钢或陶瓷为佳，每日清洗，大小为吃东西时胡须不会碰到为佳 2.肉食，不吃素 3.干粮——费用低，易保存 4.干粮+罐头——最常见 5.配方罐头——特殊疾病时兽医会推荐配方饲料罐头 6.亲自烹煮——需用心研究食谱，否则易营养不均衡	1.先带去兽医院检查再带回家 2.除毛梳子 3.趾甲剪 4.猫用洗毛剂 5.猫用牙刷与牙膏

▲练习：照顾"毛小孩"（以日文の字的顺时针方向填写）

【举例】强身健体的排毒计划

大家都清楚越接近天然状态的食物越好，不使用农药或化肥生产出来的食物好，不经过油炸的食物好。但要餐餐都吃这样的食物，需耗费大量的时间与金钱，对很多人来说是一种负担，于是让身体能排出毒物显得更加有用与有意义。

与身体排泄功能相关的系统有呼吸系统、消化系统、皮肤器官、循环系统，建议采用曼陀罗的八段论法，将占一页纸的曼陀罗排毒计划张贴在厨房或是日程表上，能提醒我们时时注意调整生活习惯，时时排毒。

第一步：用四段论法写出运作的原理。懂了原理，才能拟订正确的排毒计划。

	反肤器官	
	流汗排出重金属	
消化系统	**排毒计划**	**循环系统**
1.天天排便 2.油脂帮助胆汁排出 3.纤维+大量饮水		1.提升体温加快血液循环 2.淋巴按摩帮助代谢 3.一天饮水2000毫升 4.肌肉量提升循环效率
	呼吸系统	
	1.深呼吸 2.腹式呼吸	

▲举例：排毒计划（四段论法）

第二步：把四段论法写出的内容当作是目的，思考具体的计划。

	皮肤器官	1.30分钟普拉提+骑脚踏车20分钟
1.早起先用两茶匙的植物油进行二十分钟的油漱法 2.喝一杯500毫升白开水，再去上厕所 3.早餐南瓜浓汤与西红柿浓汤交替+有机生菜色拉+全麦面包 4.上午九点至十点间喝一杯500毫升白开水 5.午餐前进行油漱法 6.午餐必备五谷糙米菜饭（含一匙香菜）+200毫升酸奶+水果 7.下午三四点间喝一杯500毫升白开水 8.晚餐前进行油漱法 9.有机生菜色拉（含一匙香菜）+五谷杂粮粥 10.晚上八点蔬果汁或自然农法水果 11.睡前喝一杯150毫升蜂蜜柠檬水①	流汗排出重金属+废物	2.夏天冷气温度设在27℃以上 3.运动时跟运动后喝白开水 4.晒30分钟太阳，摄取足量维生素D 5.冬天注意保暖，让身体不要感觉到冷
消化系统		**循环系统**
1.天天排便 2.油脂帮助胆汁排出 3.纤维+大量饮水 4.香菜帮助排出重金属 5.餐前吃绿球藻帮助排出重金属，有助于抗氧化，但可能引起过敏 6.粗粮（非水溶性膳食纤维）含IP6，帮助解毒与抗氧化，IP6要餐前吃，避免妨碍矿物质吸收 7.抗氧化营养素有维他命A、C、E、硫辛酸、辅酶Q10 8.完全不碰酒精与香烟	**排毒计划 （排毒日）**	1.提高体温加快血液循环 2.淋巴按摩帮助代谢 3.一天2000毫升饮水 4.增加下半身肌肉量，提升循环效率 5.增加核心肌群肌肉力，提升体态姿势的正确性
1.早起先做十个腹式深呼吸 2.等车等人时就做腹式深呼吸 3.到充满绿意处快走20分钟，加速呼吸速률 4.在穴位上进行刮痧	**呼吸系统** 1.深呼吸 2.腹式呼吸	1.夏天在低温冷气房必定是围巾+袜子 2.享受身体淋巴排毒按摩 3.站着看电视或做家事 4.看电视时做抬脚运动

▲举例：排毒计划（八段论法）

不太可能天天进行排毒的话，最可行的方式是每周安排一次排毒日。

---

① 资料来源：《灵魂净化养生法》[（美）保罗·亚伯拉罕著]与《油漱疗法的奇迹》[（美）布鲁斯·菲佛著]，皆由晨星出版。

4.早餐	5.午餐前	6.午餐
①吃当季水果或蔬果汁 ②不吃加热过的食物 ③喝150毫升白开水	①喝500~700毫升白开水 ②不吃加热过的食物	

3.起床后		7.晚餐前
①喝500~700毫升白开水 ②大肠按摩 ③小肠按摩	天天排毒的 生活计划	

2.睡前	1.前一天晚餐	原则
①大肠按摩 ②小肠按摩 ③咖啡净化法 ④不能吃东西	九点前吃完晚餐	①每天喝1500~2000毫升白开水 ②不吃零食和口香糖 ③动物性食物占15%，植物性占85% ④多吃发酵食品与菇类 ⑤主食改成糙米饭 ⑥减少乳制品摄入 ⑦不用嘴巴呼吸 ⑧倦怠时喝一杯花草咖啡

▲举例：天天排毒的生活计划（以日文の字的顺时针方向填写）

每天都是24小时，故以时间顺序来制订计划。此范例是参考日本医生新谷弘实《元气的免疫力量》（晨星出版有限公司）所建议的每日计划，他强调我们无法确认吃进肚子里的东西没有毒物，故天天进行排毒很重要。

【举例】公务员资格考试的准备工作

公务员考试是有一定难度的，根据某公务员补习班的不完全统计，考生平均准备三年半才能通过公务员资格考试，我亲自辅导过一个非本科的社会人士，他用五个月的时间考过了公务员资格考试（税务方面），是我见过的备考时间最短的非本科生。

我用他的例子来告诉你，公务员资格考试看似录取率很低，那是因为真正用心准备考试的人仅有20%，另外80%的人是去"陪考"的：有些全职考生一天的念书时间不到6小时（时间量不够）；有些考生看书快但不求甚解，死记硬背；有些考生贪图快捷方式，只看别人的摘要笔记（自己不动脑思考）；有些考生光看书不动手整理自己的笔记（不会分析该科重点）；有些考生读书方法错误；有些考生读书时间安排错误；有些考生用计算机打字答题而不是动手写字……总之考不过的错误方法远比考过的正确方法多好几倍，所以考不过的人数众多。

100个人准备考试，考试的方法就会有100种，大家都有自己的一套方法，原因在于每个人的生活条件、勤劳程度、个性、可支配的自由时间通通不一样，因此，你不可能直接抄袭别人的读书计划，而必须多方征询建议（规划原则）后，制订自己的读书计划。

在此运用曼陀罗的垂直思考来呈现拟订读书计划的执行步骤与各步骤的要点。

如果你对读书时间分配的问题很有兴趣，推荐你看我的另一本著作《思维导图笔记整理术》。

4	5	6
1.依据自己的生活惯性去筛选过来人成功与失败的备考经验 2.制定自己的备考策略 3.每科挑一本教材读精读熟就好，念得多不如念得熟	1.依据自己对该科目的熟悉程度，筛选过来人的读书方法 2.定下自己的每一科读书方法 3.研究考题分析出出题概率，据以分配读书时间 4.不熟的考科要先精读理解	1.一定要自己撰写每一科的笔记，不求快，但求彻底理解 2.结合图像记忆方法，缩短复习时间与减少复习次数，不求背得快，但求记得久 3.精神不佳时就写考题或是整理笔记
3	**一定要通过公务员资格考试的读书计划**	**7**
通过上网咨询或补习班搜集过来人的成功与失败经验，焦点放在备考策略与读书方法上		1.由应考日往前回推，依据自己的生活习惯去安排最可能做到的读书进度与时间表 2.全职考生每天念书基本量是8小时，双周基本量是90个小时。 3.拒绝与应考无关的社交活动 4.考前三个月参加应考读书会，客观分析自己的优缺点
2	**1**	**8**
1.确定考试类别 2.确定考试科目 3.搜集历届考题 4.搜集考题类型情报 5.搜集出题方向 6.搜集最新公务员考试变革情报	写下非考上不可的理由，至少写下3个，不要用别人的理由来欺骗自己	1.以战养战，参加其他考试的相同科目，熟悉考试氛围与自己的弱点 2.考前一个月焦点放在复习与写考题，着重在了解自己的弱点 3.考前一个月浏览今年的重大时事议题

▲举例：一定要通过公务员资格考试的读书计划（以日文の字的顺时针方向填写）

三、运用"五个Why"原则

针对一件事或是一种现象，连续问五个为什么，即"五个Why"原则，这个概念是麦肯锡顾问公司提出的，被日本丰田汽车公司广泛使用。

"问五个为什么"的目的是要我们不要满足于表面的答案，要尽量深究出根本核心原因。这个过程就是深度思考。

生活中的事物大体脱离不了5W1H（人who/whose/whom、事物what、时when、地where、因果why、如何how）这几个因素，这个概念在中国古代就已经存在，5W1H本身已经兼具了广度与深度。

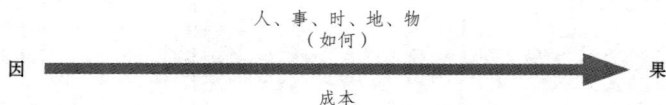

因 ——————————————————→ 果
人、事、时、地、物
（如何）
成本

第二次世界大战后，美国海军陆战队提出了成本概念（how many/how much），所以就形成了5W2H。这些因素的关系如上图所示。

我个人建议大家将5W2H的概念和五个Why组合起来运用，让我们的思考同时兼具广度与深度。

这时运用曼陀罗的九宫格形式来理清我们的思绪，等于是用一页A4纸来展现策划书（日本近年来很推崇用一页A3或A4纸来完成策划书）。

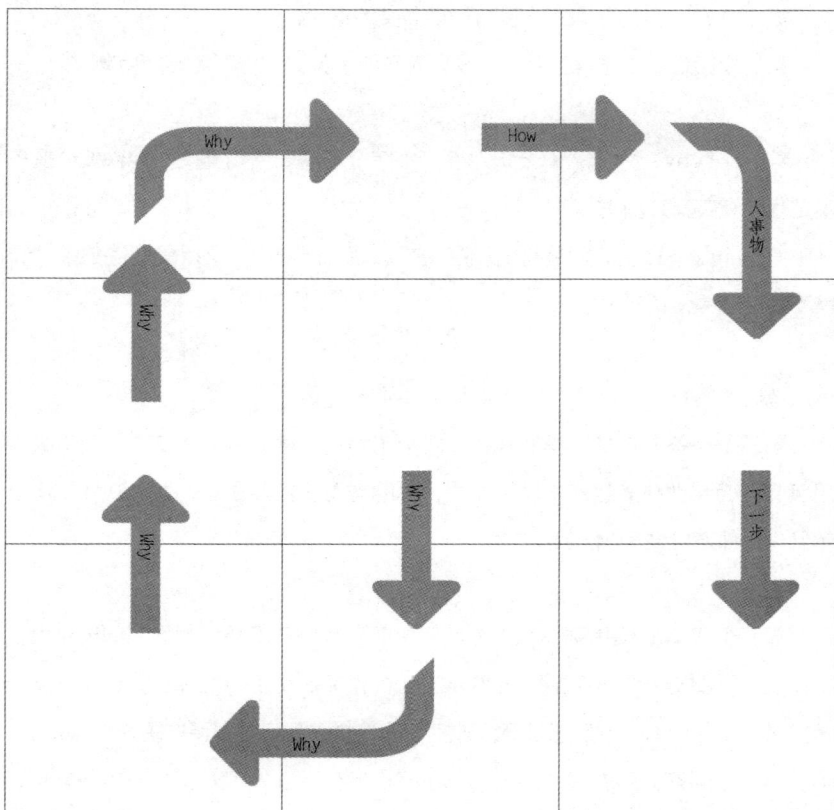

▲举例：5W1H+5个Why原则

【举例】为什么英文程度不好

第一个Why：为什么英文程度不好。

第一个回答：完全没有使用英文的机会，当然英文也就渐渐生疏了。

第二个Why：为什么完全没有使用英文的机会？

第二个回答：工作与生活中，没有人在使用英文，也不需要使用英文。

第三个Why：为什么你会认为生活中完全不需要使用英文？地铁或公交车不是也会有英文广播吗？

第三个回答：生活中是有出现英文的机会，但我用中文就能解决的事情，就不会刻意去使用英文。

第四个Why：为什么你不愿意刻意去使用英文？

第四个回答：还是一样的回答，我能用中文解决的事情，就不会刻意去使用英文，而且现在的翻译软件很发达，真的需要使用英文时，翻译软件就可以做到，虽然速度会较慢一点。

第五个Why：使用翻译软件是能解决英文问题，那是因为你在国内生活，工作也不需要与外国人接触，99%以上的机会都是使用中文解决。我现在换个角度来问，为什么你不愿意找寻国外工作的机会，而只想要留在国内呢？

第五个回答：跟中国人讲英文都还好，但我看到外国人就有一种恐惧感，除了Hello外，我一句话也讲不出来。大概是这样吧，所以我不会去寻找国外的工作机会。

基本上，问五个Why就可以了，再问下去，就会离题了，接下来换用How来思考。

第一个How思考：

从刚刚最后一个答案的角度出发，想想我们要如何增加使用英文的机会？

第一个How回答：

1. 找方法克服害怕面对外国人的心态。（此点属于心理层面问题，不在本书讨论范围之内）

2. 在每天的行为中，刻意去找使用英文的机会。

还记得刚刚讲到的图表显示出How其实是包含人、事、时、地、物在里面的。所以现在第二个How要用更细节的人、事、时、地、物来思考。

第二个How思考：

用人、事、时、地、物这五种角度想想，可以刻意在生活或是工作中的什么地方找到使用英文的机会。

第二个How回答：

现阶段我可以做的事情是：

1. 追踪外国艺人的粉丝团，并用英文留言。

2. 边听英文歌曲边练习听力。用双语字幕搭配英文发音看外国影片，每天听5分钟的英文广播。

3. 刻意用英文写短篇日记。

以上例子有可能是基于处在完美情境下的假设才能做到的事情，永远不要忽略人性与习性。真实生活中，这些事情不太可能突然通通都落实（不然你早就落实了），改变幅度阻力越小的越容易实现，大改变是由许多小小的改变累积出来的。现在看着你的答案，想想哪一个项目是你做起来阻力最小的？

找出施力点——刻意背诵英文歌词，每天唱喜欢的英文歌曲。

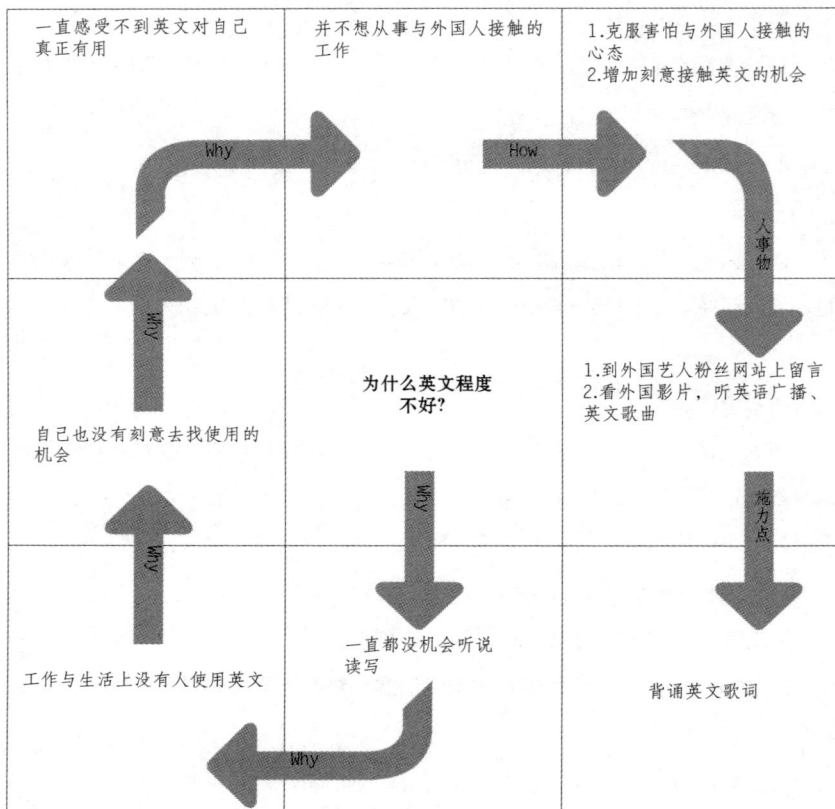

一直感受不到英文对自己真正有用

并不想从事与外国人接触的工作

1.克服害怕与外国人接触的心态
2.增加刻意接触英文的机会

Why

How

人事物

自己也没有刻意去找使用的机会

为什么英文程度不好?

1.到外国艺人粉丝网站上留言
2.看外国影片，听英语广播、英文歌曲

Why

Why

施力点

工作与生活上没有人使用英文

一直都没机会听说读写

背诵英文歌词

Why

▲举例：学了这么多年的英文，为什么英文程度还是不好？（以日文の字的顺时针方向填写）

你应该发现了，通过曼陀罗思考法的可视化呈现方式，很容易找到自己思考卡住的点、思考的盲点、思考不深入的地方，能透视自己，就能找到问题的根本解决之道。

四、时间管理与日程表规划——了解我在哪里

在考试高手课程结束后，正在读大学二年级的男生特别留下来跟我谈了两个小时。他跟一些同学就读初中时，都感觉到心灵仿佛被关在上课与背书的监狱中，也分不清楚脑中的想法是师长的暗示还是自己真正的意愿，心想只要忍过这三年，上了高中就好了。没想到进入高中又落入同样的禁锢情绪中，他们只能继续当鸵鸟，再度告诉自己这一切的一切只要进入大学就好了。

大学生活真的摆脱了背书的负担，每天除了上课以外，不用吃喝玩乐的事情填满空当好像会很奇怪，也很对不起自己。大学时每次只有开学的前几周很开心，到了学期末却相当茫然，大学后我到底要做什么呢？是继续升学到硕士班，还是先去就业？未来的路要怎么走下去？我要往哪个方向前进？

听完这个男生的自我剖析，我知道他绝对不是特例，有些人是在进入社会后，在每天忙忙碌碌的生活中，"不知道自己的未来该往何处走"的念头不定时跳了出来。

另一些人明明嘴里说着不想要这么忙碌，但是又很怕被别人认为自己是个没事做的闲人，他们就在这种摆荡心情中度过每一天。他们每天花很多时间用手机跟朋友传讯息聊天或是转发贴文，看看网络上最近疯狂流传的影片，每到新地方一定要拍照上传或打卡到社群网站，一定要发文跟朋友说早安、午安、晚安，研究最美的自拍角度与修图，到了年中或年底，又顿时发现生命好像就这样停滞不前了。

工业革命后美国理工学者佛雷德里克·温斯洛·泰勒提出时间管理的概念，定出了标准工时，预测一天内可以完成的工作量。现在的时间管理不仅代表产能效率，还属于自我启发与品格的一环。

一边做着让自己后悔的事情，一边想着要做好时间管理，就像一边跟会家暴的伴侣生活，一边想着伴侣不会动手打人一样，毫无意义，也毫无效果。

会让自己过得这样穷忙，是因为我们脑中被这些"偷走时间的贼"占据了，而这些"时间贼"会作怪都是因为大脑缺乏把关的"警察大人"（人生目标）。

每天"警察大人"会定时定点巡逻并签到，我们也要在脑中设立让"警察大人"定时定点出现在脑中的"签到处"（记事本），这是赶走"时间贼"最有效的方法。

除了没有人生目标之外，还有些人因完美主义而对很多事情担忧，进而无法开始动手执行计划，他们一直烦恼地想，时间就在烦恼担忧中流逝，最后什么事情都没有完成。为不该烦恼的事情烦恼，消耗自己的心神，这种人更需要用记事本来进行时间管理，收束好自己的心念。

这几年国内也跟日本一样开始流行写记事本（手账），现在手账不光只是记录行程，还要记录自己生命中的每一刻，每个人都有自己的小诀窍，对我而言，我比较喜欢用一周一页的记事本，因为比较能纵览本周全局，以此来决定怎样安排时间。以下就用曼陀罗的各种格式来教大家怎样做你自己的记事本（手账）。

1. 时间管理

市面上讲时间管理的书籍很多，有些讲得太复杂，花招很多但很琐碎，执行起来的效率也不高。有些讲得太浮夸，好像只要做到××，你的人生从此就会一帆风顺，等你执行后就发现人生怎么还是逆风阵阵。

根据十多年来教学相长的心得与诸多学生的个人实证，要把时间管理做好，首先要愿意改变自己的作息，其中改变作息的五个步骤千万要留意，也千万不要省略任一步骤。

（1）改变作息的第一步：先找到有幸福感的动力。

好的时间管理是奠定在好的生活作息上的。

如果你的作息不稳定或是不正常，精神自然也不佳，容易做错判断与下错决定，这让你只能事后后悔或是花时间再做一次，再做一次是最浪费时间的行为。

某些人总是受到情绪影响，他们常常晚上睡不着，早上起不来，这时就必须先找到在早上做会带给他们幸福感的事情。例如：吃一顿丰盛的早餐、看一本好书、运动一下、写短篇文章、跟宠物玩乐等等，详见下图。

4.行	5.育	6.乐
提早两站下公交车，散步去上班	1.看一本好书 2.写一篇短文 3.阅读财经类新闻	1.跟宠物玩 2.跟孩子下一盘棋 3.陪孩子复习英语单词 4.自制卡片给好友
3.住	**带来幸福感的小事**	**7.运动**
1.擦亮玻璃窗迎接阳光 2.在窗边悠闲吃早餐 3.整理阳台盆栽		1.踩脚踏车（飞轮） 2.陪孩子走路上学
2.衣	**1.食**	**8.其他**
1.衣服穿搭游戏 2.为今天服装挑选适合的饰品	1.丰盛的早餐 2.自制一杯蔬果精力汤 3.自制五谷杂粮面包 4.自备午餐	写出赞美自己的话

▲举例：带来幸福感的小事（以日文の字的顺时针方向填写）

1.哼唱几首喜欢的歌，背背歌词 2.帮自己化个妆 3.擦护手霜并按摩双手 4.偷看周遭的人在做什么 5.观察周遭的人穿什么颜色衣服的人最多 6.画出周遭的人的脸	展望未来	1.做放松肌肉的伸展运动 2.到窗边看风景，再做几个深呼吸 3.看短篇文章 4.浏览今日的重大新闻 5.把所有的镜子、玻璃、屏幕擦干净 6.清洗马桶 7.重新思考本周行程
纯属娱乐	**5~15分钟的琐事**	与人互动
1.把回收纸裁切成便条纸 2.写下今天的赞美日记 3.写下今天要感谢的事 4.拆开所有账单信封并整理 5.删除过期的电子邮件 6.删除不用的计算机文件 7.为自己冲一杯好咖啡或一壶好茶	回顾过去	1.写问候卡片给朋友 2.事先将所有空白信封都写上寄件人地址

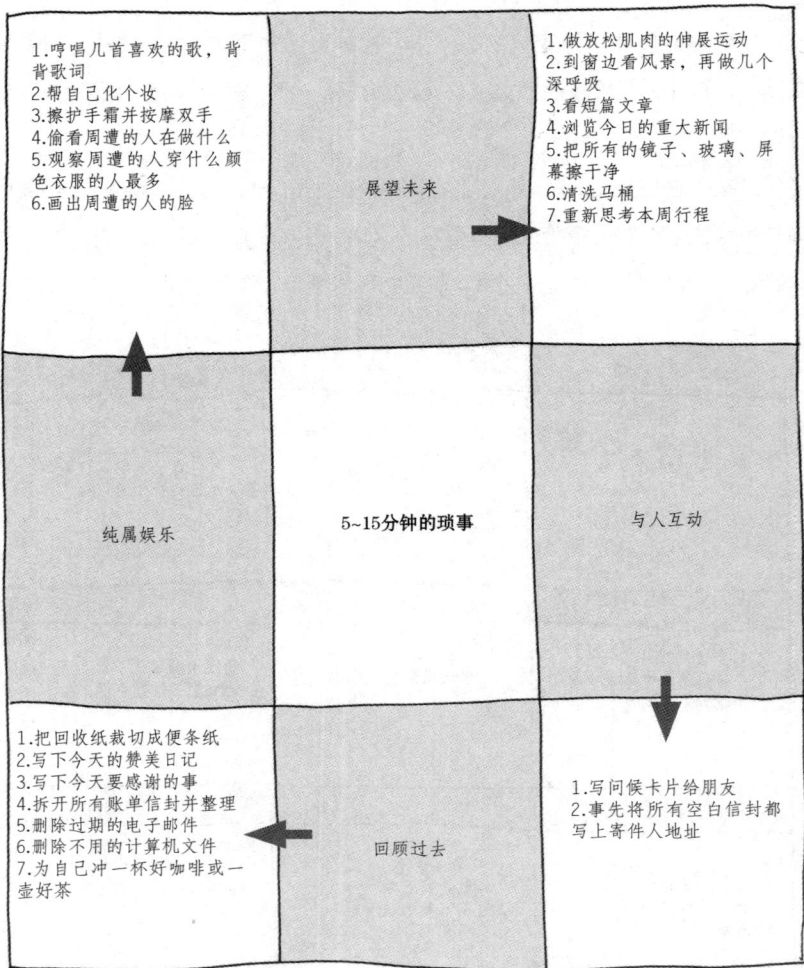

▲举例：可以在5～15分钟内做完的生活琐事（八段论法）

（2）改变作息的第二步：列出生活琐事。

收发电子信件、整理桌面、整理电子档案、清洗餐具等生活琐事最容易耗费人的精力，这些事情应该尽量安排在零碎时间中，把它们当作是转换心情的事务。

不是什么事情都不做或是睡觉才叫作休息，利用零碎时间来转换心情，就是最好的休息。

如果不事先列出可以在零碎时间做的事情，我们一定会随着过去的习性打开手机滑一滑，时间就随性地滑走了，而该做的琐事依旧没有做完。

（3）改变作息的第三步：切出整块的完整时间。

以每20分钟、30分钟、50分钟为完整的块状时间，全神贯注地处理需要动脑思考的事情。接着用5~10分钟的零碎时间去处理刚刚说的生活琐事。处理完后，身心也顺利完成放松，就可以再开启下一个20分钟、30分钟、50分钟的块状时间。

因为每个人能全神贯注的时间量不一样，请根据自身经验来决定是切割成20分钟、30分钟，还是50分钟才会比较适合你。

学生生活以学校课表为主轴，每堂课时间都是以50分钟为主，故学生制作50分钟切割的时间表比较好。

每周或每月结算的业务人员，投入在每个客户身上的时间量会有所差异，与客户相约通常是以整点或是半点为主，所以他们可以用30分钟或60分钟切割的时间表。担任项目工作或是主管的人员，也可以用30分钟或60分钟切割的时间表。

每月结算的对账人员，只要每月在特定日完成手头工作后就可以用日切割的时间表。

助理的工作通常是服务一群人，他们的工作要跟一群人互动合作才能完成，时间期限通常是由别人决定的，所以准时完成工作很重要，他们可以用每15分钟切割的时间表，以求精准地控制好工作进度。

秘书的工作虽然只是针对上司提供服务，但是仍需与一群人互动才能完成工作，他们也是用每15分钟切割的时间表。

（4）改变作息的第四步：刻意留给自己独处的时间。

一直不断与人互动会造成你生活重点的迷失，能每天为自己保留一段自我对话的独处时间最好。若做不到每天都有独处时间，至少每周为自己保留一段独处时间。

独处的时间，请断绝外界一切干扰，只有你跟自己的对话，时间哪怕只有3分钟也没关系。请回顾这一天或这几天的事情，看看是否有需要自我改进的地方。接着想想未来一天或几天中所有事情的优先级。

（5）改变作息的第五步：刻意维持一定的书籍阅读量。

阅读书籍的好处，应该不必再说了吧？

网络上假新闻、谣言、错误信息比例相当高，提醒自己不要百分之百依赖网络消息，阅读书籍仍是你目前最有力、最有利的选择。[①]

每个月月初挑好想阅读的书籍，先从一个月阅读一本书开始。关键是你必须把"看书"这件事情当成是一件重要的事情。

很多书籍的编排方式采取短文写作，一个章节就是一个完整的概念，阅读完一章内容也不过是三到五页而已。这类书籍可以安排在零碎时间阅读，落实一段时间后，你会发现一周读一本书是很简单的事情。这样一个月就可以读4本书，一年就能读完48本书。

最好的方式是每天或每周刻意为自己保留一段阅读书籍的时间。（再次提醒，网络资料绝对不算在内。）必要时，学习速读法对你有绝对的好处。[②]

[①]　《当心！网络害死你的猫！》（古道著，晨星出版有限公司）里面就提到各种养猫的网络谣言与猫易患的疾病疑问，这本书名为网络乱象下了最好的批注。

[②]　斋藤孝在《秒内言之有物的即答思考法》（商周出版）第四章中建议越没有时间的人，越要学习速读。

2. 日计划

如果你每天的工作项目很多且琐碎，那日计划表最适合你。否则周计划表应该就够你用的。

建议用B5的纸张（也就是B4的一半）或A4纸张来填写日计划，纸张不要小于A5尺寸（为A4的一半），一天写一页，或是一张B4纸上下排可以写两天。下面举例我采用了顺时针的排列方式，你也可以改成自己看得顺眼的排列方式。

在这里分享一个小技巧，你可以用不同颜色的笔来区分公事与私事，这样会更清楚。

【举例】工作上的日计划

此日计划表只写每日工作时间内需要做的事情，将公事与私事完全分开。

PM12:00 备注： PM12:00~PM2:00间的事情并不多，所以填在一起就可以	PM2:00	PM3:00
AM11:00	年　月　日	PM4:00
AM10:00	AM9:00	PM5:00

仅列出与他人共同工作的事项（比如协助会计结账）、需要务必亲自出席的会议与演讲、重要事项的截止期限（比如交出上周出差报告）。考虑到手写的方便性，在此使用A5尺寸。

PM 12:00 12:40～2:30 辅大演讲 12:30 出发→辅大	PM 2:00	PM 3:00
AM 11:00 午餐	2016年3月9日 （三）	PM 4:00 交出上周出差报告 完成下个月行程调整 约小兰一起吃午餐
AM 10:00 10:10～10:50 张先生来访	AM 9:00 准备PPT进行演讲	PM 5:00 协助会计结账

▲举例：2016年3月9日（三）的曼陀罗日计划（以日文の字的顺时针方向填写）

【举例】生活上的日计划①

把工作与生活中所有需要做的事情都结合在一起。

考虑到手写的方便性，在此使用A5尺寸。

15~17点	17~19点	19~21点
13~15点	年 月 日	21~23点
11~13点	9~11点	备注：这里可以记账、记所见所闻、写日记等

▲举例：生活上的日计划（以 E 文 **の** 字的顺时针方向填写）

15~17点 16:00前交出上周出差报告	17~19点 17:00~ 协助会计结账	19~21点 19:10~22:00 时间管理读书会
13~15点 13:40~15:30 辅大演讲	2016年3月9日 (三)	21~23点
11~13点 11:00 午餐 12:30 出发前往辅大	9~11点 10:10~10:50 张先生来访	1. 准备PPT，演讲 2. 购买猫粮、卫生纸 3. 约小兰共进午餐 4. 完成下个月行程调整 5. 看一本书

【举例】生活上的日计划②

一日之计在于晨，早上给自己多一点时间，把上班前后的时间视为两个区块。

考虑到手写的方便性，在此使用A5尺寸。

11点	13~15点	15~17点
10点	年 月 日	17~19点
9点	上班前	下班后

▲举例：生活上的日计划（以日文の字的顺时针方向填写）

11点	13~15点	15~17点
11:00 午餐 12:30 出发 →辅大	13:40~15:30 辅大演讲	16:00 前交上同事旅报告 完成下个月行程调整 约小兰共进午餐
10点 10:10~ B)张先生来访	2016年3月9日 （三）	17~19点 17:00~ 协助会计结账
9点 准备PPT，演讲	上班前 看一本书	下班后 19:30~22:00 时间管理读书会 买猫粮、卫生纸

人际	食物	物欲（金钱）
爱（感情）		名誉
	年 月 日	
知识	健康	创造（事业）

▲练习：目标型日计划

人际	食物	物欲（金钱）
12:00与小芬用餐		
爱（感情）		名誉
20:00与孩子共读	年 月 日	18:30做饭
知识	健康	创造（事业）
22:00阅读	21:00运动30分钟	阅读理财书

▲练习：目标型日计划

3. 周计划

【举例】目标型周计划①

考虑到手写的方便性，在此使用A5尺寸。

月 日（四）	月 日（五）	月 日（六）
月 日（三）	**本周目标：**	月 日（日）
月 日（二）	月 日（一）	本周心得：

▲举例：目标型周计划①（以日文の字的顺时针方向填写）

3/10（四）	3/11（五）	3/12（六）
14:00～16:00 有强初中演讲 19:10～22:00 时间管理训练①	6:30～7:30 普拉提训练 19:10～22:00 时间管理训练②	9:30～16:50 全脑速读课①
3/9（三） 10:00～ 张先生来访 13:40～15:30 辅大演讲 17:00～ 协助会计结账 19:10～22:00 时间管理读书会	本周目标 吃好、睡好 训练体力去面对比赛	3/13（日） 9:30～16:50 快速记忆①
3/8（二） 15:00 行政会议 19:10～22:00 创意训练①	3/7（一） 9:30～12:00 辅大专题会议 14:00～16:00 拍照协会演讲	心得 保持今静就能面对挑战

【举例】目标型周计划②

人际	食物	物欲（金钱）
爱（感情）		名誉
	月 日 到 月 日	
知识	健康	创造（事业）

▲练习：目标型周计划②

人际	食物	物欲（金钱）
2/8（二）12:00 与小芬用餐	执行周一无肉日 多喝水	买鞋1680元
爱（感情）		名誉
陪怡伶购物 帮庆华备考	2月7日 到 2月10日	帮小芬赶报告 被称赞很会搭配衣服
知识	健康	创造（事业）
2/8（二）18:30英文课 2/10（四）18:30英文课	2/7（一）21:00 运动30分钟	发现报表有错，避免 了后续问题

▲练习：目标型周计划②

【举例】随意型周计划①

月　日（四）	月　日（五）	月　日（六）
月　日（三）	本周见闻：	月　日（日）
月　日（二）	月　日（一）	备注：这里可以记账、写日记等

【举例】随意型周计划②

月　日（一）	月　日（二）	月　日（三）
月　日（四）	月　日（五）	月　日（六）
月　日（日）	本周见闻：	备注：这里可以记账、写日记等

【举例】自制曼陀罗计划表

考虑到手写的方便性，在此使用A5尺寸，张开后就是一张A4尺寸。用计算机设计好版面后，以骑马钉方式打印，并请复印店用骑马钉方式装订。右半侧填写只要在本周完成的事项（没有要求非要在什么时间点完成），通常是比较琐碎的杂事，每天都要做的固定事情就不需要填入了。

骑马钉位置 ◄····

▲举例：自制曼陀罗日程表（以日文の字的顺时针方向填写）

自制曼陀罗日程表的好处是使用一段时间后，就可以重新设计版面，以便更加符合填写者的习惯。

6月30日 周四 9:10～16:30 高雄人发中心: 沟通与简报训练 18:30～19:30 普拉提训练 ⑧	7月1日 周五 6:50～8:00 台大集思会馆 13:30～16:30 文官学院: 时间管理训练(南塔)	7月2日 周六 7/4～7/8 JO在伦敦 13:00～ spark 来访 市图取书/还书
6月29日 周三 9:10～12:00 文官学院: 时间管理训练(基河)	**本周截止** 书稿	7月3日 周日 图书馆到五点 9:30～16:50 Mind Map 课①
6月28日 周二 早晨/月气便腹 13:30～16:30 文官学院: 时间管理训练(基河)	6月27日 周一 展馆休/图书馆到五点 19:30～21:30 八德神士 学会演讲:演讲与简报	H.W. 想办法找到工作上的突破口

骑马钉位置

完成PPT存档: 7/6 桃园工业会 演讲:Mind Map 课	打包力行教材 更换PC 电道日 植物浇水 印馆前教材	轴账5万 → 富邦 取回证书 填写经济部资料 与课程规划	
完成PPT/讲义: 7/10 记忆训练	买 7/1～7/15 台北 ⇄ 台中车票 发泡打粉/柠檬酸 酒精	CFM 7/9.7/6 内潮 教室布置 发送高雄7课通知, CFM 教室情况	
制作PPT/讲义: 7/6 桃园工业会演讲	看电视时做: NB 备份		

▲ 自制曼陀罗日程表

【举例】不失败的生活记账本

"记账"的目的是要让我们通过实际的记录,了解自己花钱的方向,接着就要"理账",调整自己花钱的方向。很多人知道这个道理,但面对记账这件事不约而同的是下定决心后,一半的人坚持不到一周,另一半的人坚持不到一个月，就因为觉得很琐碎而放弃。

常年跟我交往的朋友都知道，我很讨厌经手金钱往来的相关事务，因为我对于数字的加减乘除四则运算很没耐心，也很粗心大意，但我曾经连续记账三年，即使是一块钱也会写下来，朋友通通跌破眼镜，不敢相信我能坚持三年不中断。

"记账"是根基，目的是要达成更高层次的"理账"，所以重点是第一步绝对不在"记"，而是先"理"清你对账的看法。

举个例子来说，"手机费""上网费"对你来说是像阳光、空气、水一样的必需品，还是奢侈品？

对于跑业务的人、自由工作者、喜欢交际活动的人来说，应该是生活必需品。对于不喜欢用手机聊天或是讨论事情的人来说，应该是奢侈品。

换句话说，因为每个人对于同一件事情的定义不同，需求深刻度不同，所以"理财"的方式与方向也不可能是一样的。

面对记账，多数人不知道该记下什么，该如何分类。

第一步，厘清什么是生活必需的固定支出。增加储蓄的两大原则：第一，支出小于收入。第二，降低固定支出。所以记账前要先用曼陀罗思考法来厘清哪些支出应该列入固定收支（每月、每季或每年固定要付出的）。分类不要太琐碎，会增加自己在记录与分析时的困扰，分类最多分九大类。

第二步，只要用大类别来记录就好，这是"记账"。记录完一周、两周或一个月的账，一定要检讨一次，看看自己固定支出怎么再降低？变动支出会不会过高，过高的部分要怎么降低？这是"理账"。这个部分你可以运用计算机软件来帮忙。在没有想清楚第一步前，千万不要急着选软件，否则你会被花招很多的软件诱惑，真正要记账时你就会发现操作起来步骤太多太麻烦。我自己用Excel自行制作表格。消费日期登记要以实际消费日来登记，不可以用信用卡缴费日或扣缴日来登记。

我自己是不做预算的，因为变动支出较难以预算的方式实施。而且多数人做预算时通常太乐观，等花钱时才发现常常超出预算，然后就心灰意冷放弃记账了。

下两页以行政助理职位的未婚女性小资一族为主角，帮她们规划出固定支出与变动支出的类别，用这两张曼陀罗九宫格来避免漏写某些项目。借由这个动作也可以让她们仔细想想，过去习以为常的固定支出，真的是像空气、阳光、水一般重要吗？

行	育/理财	乐/交际/通信
1.大众交通工具：车资与船资 2.机票舱等费 3.悠游卡储值 4.车位租金 5.汽车保养费	1.计算机、笔记本电脑、平板 2.书、有声书、在线学习 3.课程、讲座 4.基金、股票等投资商品	1.手机月租费 2.家用与移动上网费 3.年度家族旅游 4.家族生日聚餐
住/杂项		医疗/保险
1.房租、房屋税、地价税 2.水费、电费 3.小额支付悠游卡储值 4.各种会员卡年费 5.房子管理费 6.宠物用品	固定支出	1.全身体验 2.人身保险 3.产物保险 4.保健食品、营养品
衣	食	美容美体
1.上身 2.下身 3.鞋子	1.主餐 2.果汁、牛奶 3.宠物伙食费	1.基础保养品 2.彩妆 3.身体清洁用品

▲举例：固定支出（以日文の字的顺时针方向填写）

行	育/理财	乐/交际/通信
1.停车费 2.出租车资 3.汽机车零件费 4.加油费		1.红白帖 2.重要场合的礼服费 3.展场或游乐区门票 4.同事聚会、朋友聚会 5.宠物玩具
住/杂项	**变动支出**	**医疗/保险**
1.房屋修缮 2.家用电器 3.卫生纸 4.居家清洁用品 5.灯泡等家电消耗品 6.宠物用消耗品		1.医疗费、民俗疗法费 2.宠物医疗费
衣	**食**	**美容美体**
1.帽子、围巾、手套、袜子 2.发饰、首饰	1.零食、点心、消夜 2.饮料、矿泉水	美容、美体、医美费

▲举例：变动支出（以日文**の**字的顺时针方向填写）

日期	食	衣	住 杂项	行	教育 理财	乐 交际 通信	医疗 保险	美容 美体
1/1	主餐 50+80+80	0		储值 500	书250	0	0	0
1/2	主餐 45+70+80	0	0		0	0	0	0
1/3	主餐 50+90+80		管理费 1100				保险 2178	洗发精 180
1/4	主餐 45+80+80							
1/5	主餐 50+90+80							
1/6	主餐 50+85+70宠 物饲料 490				课程 8800 基金 3000 +3000		维生素 700 +120	
1/7	主餐 45+70+70					手机 月租费 899		

▲举例：固定支出表（碍于书籍版面大小限制，此表为示意图）

日期	食	衣	住杂项	行	教育理财	乐交际通信	医疗保险	美容美体
1/1	饮料 50	0			书 250	0	0	0
1/2	消夜 50	袜子 230	0		0	0	0	0
1/3				加油费 1000			宠物医疗 150	
1/4								面膜 200
1/5								
1/6	卫生纸 120							
1/7						手机话费 202		

▲举例：变动支出表（碍于书籍版面大小限制，此表为示意图）

第七章

创意训练与延伸

　　我在本书作者序中提到，未来要当老师的师资班学生都不免会想要抄袭监考老师的"标准答案"，而不是亲自真实体验曼陀罗的好处及效果。这其实是台湾地区教育者数十年来灌输给学生的惯性思考导致的两个最大的问题：

　　1. 养成大家的学习目标是追求自己"已知道"而不是自己"已做到"。

　　2. 上课习惯就是直接依赖并期望老师告诉大家答案，而不是接受老师的启发，靠自己去找出答案。

　　以上两种学习心态与思考习惯，只会让我们的大脑越来越僵化。

　　常有人问我：如何培养独立思考的能力？

　　很多人喜欢学习，但也有很多人学完之后，不去运用自己学到的内容，而是把这些花时间学来的内容存放在自己的大脑里，收藏起来。我用一部很棒的影片——珊卓布拉克演的《攻其不备》来解说什么才算是独立思考。

电影里面经典的剧情（或许你也可以说是一种老掉牙的剧情）：一个人无私地帮助一个有才华的青年，最后青年果然发光发热。这种例子在世界各地都有。老掉牙的观念为何每隔几年就会让大家感动呢？是不是有什么永恒不变的真理隐藏在里面呢？

或许是因为职业病的关系吧，我特别注意片中美国式教育与中国台湾式教育有何不同。

首先，美国式教育教我们要看事情的优点，然后就勇往直前地去做！

珊卓布拉克在电影中说得很经典："过去说要帮他的人，最后都跑掉了，所以他不相信他们。"

每个人内心深处都有那种愿意无条件帮助别人的心，片中很多人愿意帮助青年，却也有很多人帮到一半就打退堂鼓了。主角的伟大就在于继续无私地帮助青年。

珊卓饰演的角色看到了青年的才华，没有去想这个青年会为自己带来什么好处，只是单纯觉得如果这个青年的才华没有被发挥出来，那真是太可惜了！

很多人追求速效、速成，追求免费的午餐，追求做不费吹灰之力的事情。珊卓全家人却主动愿意帮青年让他一步步符合社会的期望，让他有机会在社会的规范下发挥专长。

珊卓不是用负面思考的人，他没有因为青年具有无法符合社会期望的行为，就认定青年的未来没救了。珊卓只是想办法一关关陪青年克服，就像《秘密》影片中所说的："你就像在一片漆黑的道路上开车，你看不到前方任何的东西，但只要你的车头灯能让你看清楚前方十米的路，你就能一路开下去，直到你抵达目的地。"

其次，美国家长不会希望孩子只在学校学习。

剧中珊卓布拉克的小儿子还是个小学生，他完全就是一个独立自主有思想的小学生，因为没有任何人给他指示或是暗示，他完全是自己想办法来帮助青年。例如，发现青年缺乏抽象思考时，就用瓶瓶罐罐来帮助青年把规则记熟；主动到场帮青年录像，因为这样可以让青年回家后自我检讨；主动把录像光盘寄送到各地大学；帮青年跟各大学代表面谈。

整个过程中，珊卓布拉克没有跟小儿子说"你赶紧去写作业！"，也没有说"你还小，这是大人的事情，你不要插手！把自己管好就好了！"。

但是台湾地区的家长就会给孩子这样一种观念：只看重孩子在学校和补习班的学习，只看重成绩与学历，只希望孩子拼命念到硕士或博士。所以孩子养成"只重视学历、不关心他人"的观念。

当电视上播出某个青年又不让座时，其实记者应该去采访他们的父母，而不是采访青年为何不让座。当电视上播出祖父母、父母当孩子的书童时，这些祖父母、父母经常回答一句："没办法！就是因为疼小孩啊！"甚至有祖父母跟父母还呛声记者说："等你自己有小孩时，你就知道了！"

台湾地区的家长忽略了真正重要的学习是生活教育，影响孩子最大的教育是言传身教。

如果有年轻人说：你们大人就是没有做好榜样，怎么能怪我不学好呢？那这个年轻人就是把所有的责任往别人身上推，完全忘了自己才是自己的主人！

但是，看完了影片，我们自己又会真正去做吗？

常常听到大家讲："善有善报，恶有恶报。"又常常听到人家讲："在社会上工作就是要处处防小人。"

如果第一句话是真的，为何又有第二句话呢？

如果第二句话是真的，为何又有第一句话呢？

别忘了，别管别人怎么说，自己才是自己的主人！你才能决定你自己要怎么做！

鉴于此我另外提出曼陀罗的几种思考法的基本练习，通过这些练习可以帮助我们把图像思考力、概念思考力、隐喻能力、创意力磨炼得更敏锐。

一、训练前的准备——了解虚与实

练习前我们必须了解什么叫作"虚"与"实"。佛教的说法中，有形有相、永恒不变的为实；无形无相，随人、事、时、地、物而改变的为虚，如《金刚经》所述："如梦幻泡影，像雾、像电，随时间过去就消失不见的。"比如：情绪是虚的，肉体也是虚的。

在这里不讲佛教，我将这两者的概念调整为："实"是指有固定形象的，"虚"是无固定形象的，简单的说明如下。

1. 实

（1）看得到、想象得到的实体对象，也就是多数名词是实的。

也可以解释为能用照相机拍下来的"实体"对象。例如，当我们说到鸭子，我很确定大家脑海中的画面一定是嘴巴扁扁的、腿短短、脖子短短、脚掌有蹼的禽类，一定不会出现鹅或鸡的画面。虽然白云、太阳远在天上，我们看得到摸不到，但是我们一定可以想象得到，所以白云、太阳是实的。

（2）同构型很高的对象可以定义为实。

塑料杯是实的，钢杯是实的，玻璃杯是实的，那么杯子是虚的还是实的呢？

杯子依旧是实的。为什么呢？虽然杯子是集合名词，但同质性很高，大家一看到这样的造型，基本特点就是可以装液体供饮用的器物，就可以异口同声地辨别出：这是个杯子。所以杯子是实的。就像衬衫一样，虽然有长袖、短袖不同的款式及不同材质，但是大家对于衬衫都有一定的既定印象，马上可以辨别出是不是衬衫，所以衬衫是实的。同构型很高的物件就会是实的。

（3）有制服的职业。

警察、军人、护士、医生等，有制服的职业就会变成实的。因为我们可以通过其制服辨别出其职业来。

（4）可以聚焦在单一对象上的词语。

2. 虚

（1）动词、形容词、副词、多数集合名词是虚的。

但是当我们说到寒冷，大家脑中出现的画面可能是冰箱、雪、圣诞老公公、围巾、手套、暖炉、卖火柴的小女孩等。因为大家脑中出现的对象都不一样，所以寒冷没有固定的形象，是虚的。

苹果、香蕉、番石榴都属于水果，苹果、香蕉、番石榴都是实的，水果是虚的，因为水果品种太多了。一讲到水果这个词语时，每个人脑中所出现的画面都不尽相同，也就是说无法将其聚焦在单一对象上，选择性太多了，因此集合名词多数是虚的。

请问这个人是在唱歌，还是在讲话？是在演讲，还是仅仅拿着麦克风而已？光看定格的画面我们无法辨别这个人在做什么，所以动词都是虚的。

（2）多数职业是虚的。

请问老师是虚的还是实的呢？老师没法固定一定是男的或女的，走在马路上也没有办法分辨出谁是老师、谁不是老师等等，所以多数职业是虚的。

（3）地名都是虚的。

说到"日本"，这是真实存在的地方，但是我们脑中出现的画面可能有寿司、相扑选手、日本国旗、生鱼片、樱花、富士山等，每个人选择的代表对象都不一样，没有办法聚焦在单一对象上，所以地名是虚的。

（4）颜色全部是虚的。

颜色一定是虚的，因为颜色没有办法单独存在，一定要附在某个对象上才能形成具体的画面。

二、展开训练

1. 虚转实——图像化

图像化思考就是把眼睛看到的文字或是脑中的思考，转化成具体的画面。我们讲话时常常会比手画脚，看小说时，眼睛看到抽象的文字，脑中却能把故事场景演一遍，这就是一种图像化思考的能力。人的大脑想象力是无穷尽的，很多小孩子看了《哈利·波特》的电影后很失望，因为电影画面跟他们想象的不一样，自己想的画面更为生动、有趣，毕竟电影制作的技术跟不上人类大脑的想象能力。

通过曼陀罗的九宫格形式，我们要把中心主题的抽象词（虚）通过自我的联想能力，写出八个不同的实体对象（实），这个使用方式叫作虚转实，它能训练我们图像化的思考能力。写的时候可以有两种方式：一种是放射状的书写，另一种是顺时针的书写。

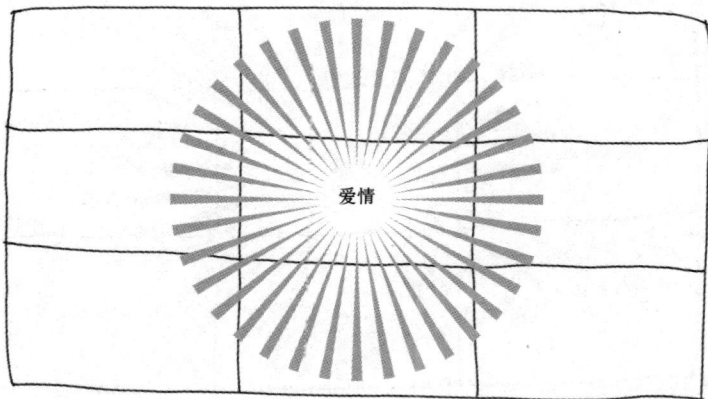

▲练习：依照主题写出你所联想到的具体对象（实）——放射状填入

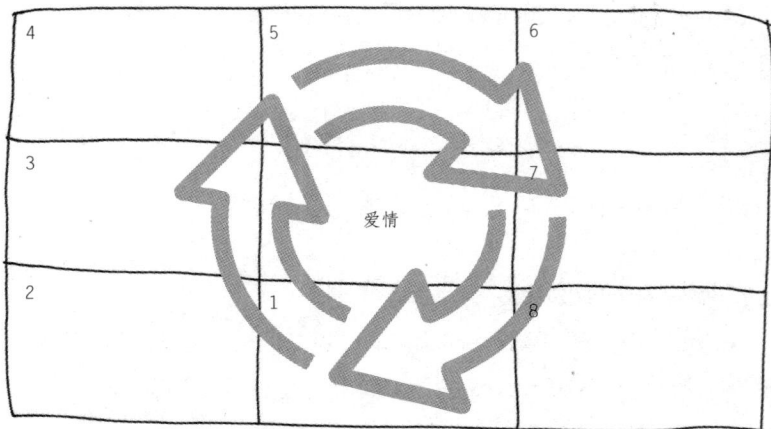

4	5	6
3		7
2	1	8

▲练习：请填写你所想象到的具体对象（实）——顺时针方向填入

请你以顺时针的方向填写，答案请写不一样的，看看能否通过联想力多写一些不同的答案。

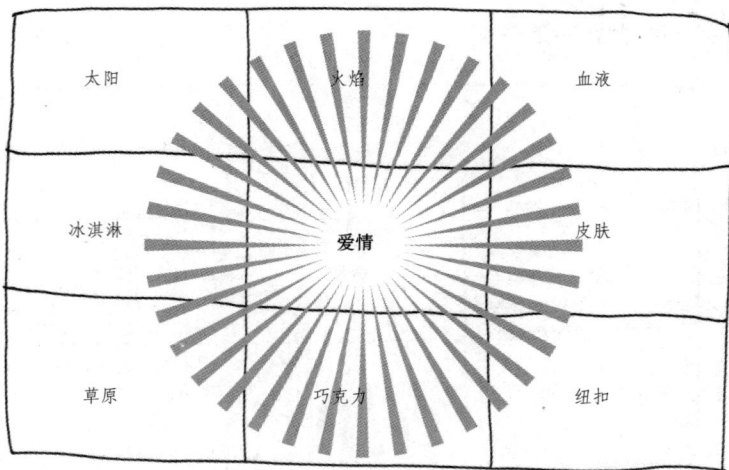

太阳	火焰	血液
冰淇淋	爱情	皮肤
草原	巧克力	纽扣

▲举例：虚转实——爱情（放射状填入）

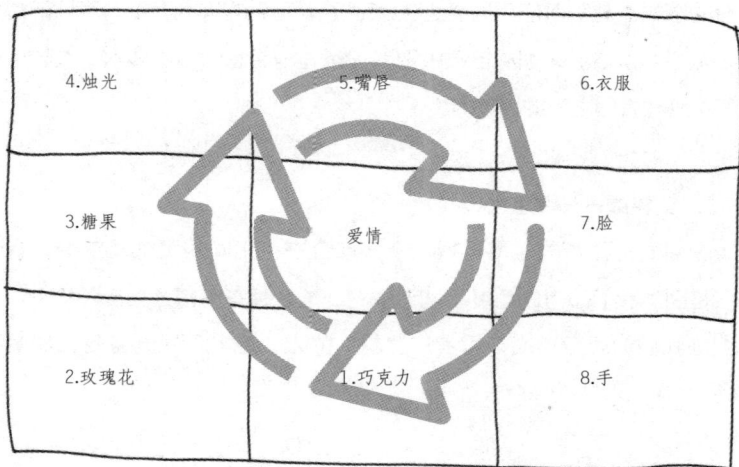

4.烛光	5.嘴唇	6.衣服
3.糖果	爱情	7.脸
2.玫瑰花	1.巧克力	8.手

▲举例：虚转实——爱情（顺时针方向填入）

　　仔细观察这两个曼陀罗的答案，你会发现我们的思考其实会受到前一个答案的影响，这是因为我们的大脑本来就同时具备水平思考与垂直思考的能力。[①] 从第二个顺时针方向的曼陀罗中，我们比较容易发现这个现象。"巧克力"诱发出"玫瑰花"，也诱发出"糖果"这个答案。

　　从第一个放射状曼陀罗可以看到这八个答案中，太阳、火焰是同一类的思考方向，血液、皮肤是同一类，冰淇淋、巧克力是同一类，所以一共可以把答案分成五类。一般而言，没有经过特别训练的人，所联想出来的答案差不多都是三到五类。类别越多，表示我们的思考方向越多元。

　　这个练习过程需要动用到我们平时的观察力，因为脑中若没有仔细观察过

---

① 水平思考与垂直思考的详细解释见第 11 页。

周遭的事物，就不可能用联想力去想到更多元化的答案。平时可以通过虚转实的曼陀罗九宫格法来训练自己敏锐的观察力与联想力。虚转实、实转虚同时训练了左脑与右脑之间的快速转换。

2. 实转虚——概念化

看到同一件事物，不见得每个人都会产生相同的概念与感受，有时候争执只是因为我们思考的角度不同造成的，这八种答案都是抽象的概念，常常练习训练我们的思考广度，思考广度越广的人，越容易感同身受，情商自然就越高。

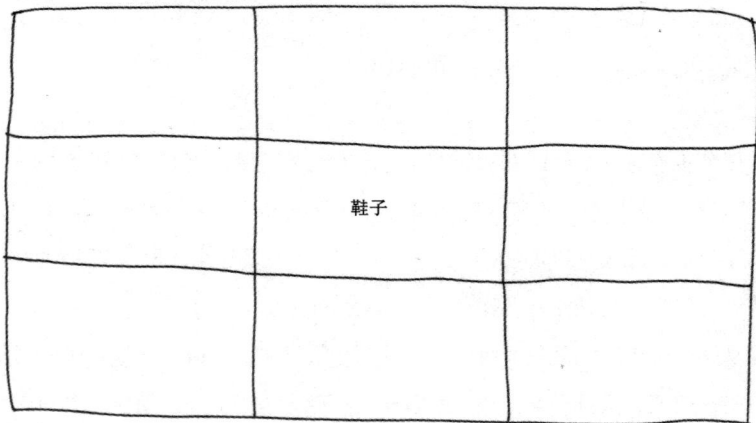

	鞋子	

▲练习：依照主题写出你所联想到的抽象概念（虚）——放射状填入

甜度	健康	爱情
颜色	**巧克力**	贴心
包装	运动量	疼痛

▲举例：虚转实——巧克力（放射状填入）

	灯泡	

▲练习：依照主题写出你所联想到的具体物件（实），填写方向不拘

咖啡豆	饼干	蛋糕
杯垫	**咖啡杯**	茶匙
冰淇淋	糖	奶精

▲举例：实转实——咖啡杯（放射状填入）

你是否发现，以前的咖啡店都是卖咖啡，现在的咖啡店不仅卖咖啡，还卖蛋卷、茶具、咖啡豆、奶精等，同样一家店卖的东西品项变多（但未脱离原本的咖啡概念），经营的创意就是你能不能想到别人没有想到的。

创造＝创意＋可用的方法。曾经有一阵子相当流行复合式商店，例如，咖啡厅＋服装店，创意是很新，但不容易持续经营，所以创意只是一个idea（想法），不代表能帮助我们创造出价值。我也常常在很多大学生的创意项目介绍中看到很有创意但不够成熟的作品，成熟度来自执行经验，就不是创意可以取代的。

因此我们必须把这些答案再进行第二层次的曼陀罗思考，也就是加入垂直思考的逻辑力，这样才能筛选出可用的方法，结合创意力与逻辑力才能达到真正的创造力。

【举例】加卖冰淇淋

为什么我放了三个Why？因为如果讲不出三个Why，那表示执行的理由不够充分。放了两个What，是因为考量得越多，执行时越不容易出现意外状况。

我们也可以先用放射状的曼陀罗，中间放上主题——加卖冰淇淋，先想出各种方法后，再从中挑选可行的方法，然后进行顺时针的曼陀罗，依序写上执行的步骤。

Why: 冰淇淋是甜食，也是消暑圣品	Why: 可吸引小孩与女性，增加客户数量	Why: 冰淇淋可搭下午茶点心，可增加下午茶女性顾客人数
When: 夏天推出 冬天不卖	**加卖冰淇淋?**	Where: 放置柜台旁 放置大门旁
Who: 针对小孩与女人	What: 以草莓、香草、巧克力热门口味为主，再搭两种口味	What: 了解附近商圈女性与小孩顾客人数

▲举例：加卖冰淇淋（顺时针方向填入）

	光亮	

情绪	金钱	亲戚
保障	**家庭**	抚养
安全	温馨	生活

▲举例：虚转虚——家庭（放射状方向填入）

试想一下，如果要各位拍一部影片，主题是"家庭"，一般不都是表现出这些抽象要素的画面吗？所以用抽象的概念来说明另一个抽象概念，就是隐喻的手法。

　　我很喜欢看汽车广告，广告业被认为是非有创意不可的产业。奔驰车有一年的广告是一个小男孩手推一台模型车到镜头前，模型车由小变大，然后小男孩打开车门走进车中，隐喻从三四岁开始玩玩具的小男孩，只认定奔驰车。广告不告诉你"奔驰车是男人心目中的唯一品牌"，而是通过小男孩玩奔驰车玩具来表示。日系车厂常喜欢传达车子可以带给我们家庭的感觉，上述曼陀罗中的答案不就是常常在日系汽车广告中看到的元素吗？

　　除了看电视广告，多看科幻电影也可以启发我们的想象力。我记得在20世纪90年代末有一部电影《美丽新世界》改编自70年代的同名小说，里面描述的未来世界场景元素，已经在2000年初期逐一发生。

　　电影《盗梦空间》描述一群人可以潜入某一个人的梦境中，他们共同将意念植入他的潜意识，并让那个人以为是自己想到的。电影中可以做出"梦中梦中梦中梦"四个层次的梦。深入潜意识创造出某些内容，人已经搞不清楚自己现在是处在真实世界中，还是在某一个层次的梦中。这些小说家的想象，让我们的未来充满着各种可能性，也让科学家有各种努力的目标。

　　对未来没有想象力，等于未来没有发展性。我常常讲创造力 = 创意 + 逻辑力，要能对未来有所想象，必须先对过去有所观察。创意不是一朝一夕养成的，必须结合正确的逻辑才能发挥出创造力。

　　曼陀罗九宫格思考法启动创造力的关键在于"先观想而后思考"，观想是直觉性的，想到什么就是什么，思考是逻辑性的，要有所取舍。

　　先观想自己看到这个主题时，产生了什么样的念头。思考就是将主题所产生的观念，加以延伸扩张。思考是为了让生活过得更充实，所以要经常思考怎样做才能生活得更好。思考就是决定"创造性行动"的源头。

从今天开始，持续不断地每天填写虚转实、实转虚、实转实、虚转虚四种曼陀罗，当你不断刺激自己的大脑到达临界点时，你的脑力会呈现抛物线状（如下图）的突飞猛进。那时你会发现很多人会对你投去一种刮目相看的眼光，并常常问你："你是怎么做到的？"

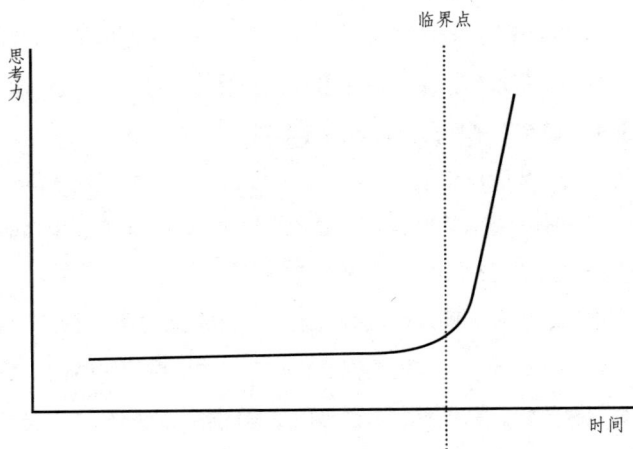

学好任何事情的关键在于超越临界点的思考力之前，持续不断地做就对了。

但不要对自己太好，要给自己时间压力，这样思考能力才会越来越灵活，刚开始我给学生的目标都是第一周每天做三个曼陀罗，每个曼陀罗必须在3分钟内完成，第二周就要进步到在1.5分钟内完成，第三周要进步到在30秒内完成。

三、商品设计与分析

最近政府开始大力重视文化创意产业，我看到很多广告公司跃跃欲试，想要抢下这块"大饼"，但很多广告公司只是把商家的旧有商品换个新鲜又精致的包装盒子，编个商品故事，就称之为文化创意。

我的记忆不禁被拉回到大学时代，我念的是辅仁大学织品服装系，主修针织布设计与毛衣设计，回想那时候老师常常要我们去看很多服装设计杂志、展览和市面上的服装。

记得那时流行过一阵中国风，很多台湾地区设计师的作品都标榜含有中国元素，但都只是在西式的服装结构上加入一些中国元素，例如，把毛笔字放在衣服图案上，或是改用盘扣、水袖，那时我总觉得怪怪的，衣服中用一些强有力的视觉元素，却没有加入中国元素的精髓，总觉得这样的设计好像太偷懒了。

到了纺织业界工作后，发现创意设计不仅是用在眼睛看得到的图案设计或是款式上，也要用在看不到的制作过程或是材料上，这时我才真正感觉到创意设计无所不在。例如，融合鲨鱼皮的特性，开发出阻力小能让选手游得快的泳装；受启发于蝴蝶翅膀的特性，开发出随光源变色的布料。中国视觉元素的服装设计只流行了一两年，而纺织业十几年前制程与材料的设计成果，现在市面上还看得到。

另外一个例子是7-11（一个便利店的名字）在20年前卖美式咖啡（用美式咖啡壶煮好装着等客人来买），卖到赔钱。现在卖意式咖啡（用意式咖啡机一次煮一杯），生意好得不得了。同样卖咖啡，观察表面的人会说那是现在的中国人开始有喝咖啡的习惯，深入观察的人会说除了喝咖啡的习惯之外，如果现在7-11一样是卖美式咖啡壶煮好的美式咖啡，一样会卖到赔钱，但赔钱的原因不是中国人比较喜欢意式咖啡，而是因为意式咖啡机煮咖啡的过程让人觉得物超所值。

我曾经在台湾地区高铁站的购物中心买了一个180元台币的杯垫，杯垫正面是中国剪纸的吉祥设计，这样的设计元素是吸引不了我的，吸引我的是杯垫本身的质地——吸水性陶瓷，它可以吸收杯子外侧的水滴，而且使得杯垫摸起来仍是干燥的。一个杯垫要180元台币真的很贵，但设计感和功能性让我决定忍痛买下它。

所以能被大众接受的创意设计，来自对环境深入的观察力。深入观察一个文化、精神所发掘出来的需求，并满足那个需求才能恒久。

回到刚刚的实转虚、虚转实、实转实、虚转虚，这些过程就需要仰赖过去的观察力所累积在脑中的讯息，以及现在大脑的联想能力。平时多多使用这四种曼陀罗来锻炼自己的观察力、联想力，日积月累就能培养出更胜于人的创意力与设计力。

曼陀罗思考法本身就是一种文化创意产品，承接藏传佛教的宇宙观，不拘泥于固定的形式。你可以用九宫格、八十一宫格、七百二十九宫格，也可以一个宫格都不用；可以是圆的，也可以是方的，更可以是不规则的。

▲藏传佛教的八吉祥图①

---

① 八吉祥徽、八端瑞、吉祥八宝图，藏语称"扎西达吉"，是中国藏族民间传统美术中最常见且被赋予深刻内涵和吉祥喜庆喻义的一组组合装饰图。它由八种象征吉祥、圆满、幸福、智能、财宝的标志性图样组成，这八种象征物是宝伞、双鱼、宝瓶、莲花、海螺、吉祥结、宝幢、法轮，总称为"吉祥八清静"，也即俗称的八宝图。据说，它们分别表示如来佛的头、眼、喉、舌、牙、心、身和足，其内涵除了寓意吉祥外，也与佛陀、佛法息息相关。

下面是运用十字形曼陀罗进行创意发想的例子。中间十字部分请填上最重要的要素，四个角落请填上次重要的要素。这样能在一个九宫格内呈现出两种层次的内容。今泉浩晃将之称为八段论法。

Where 增加女性厕所的 位置与空间	事、物What (WA) 服务员要真诚地笑 购票流程迅速	What 高铁代送 行李服务
地Where (WR) 空间开阔明亮 站内座椅要够多 车厢座椅要够软	人Who(WO) 高铁旅客的需要	时When(WN) 缩短停留站内时间 尽量地铁化
Why 女性体力较弱	为何Why(WY) 消除车程疲劳 减少赶时间的紧张感	When 全程保持旅客 要的乐趣 全程保持商务客 要的轻松

▲举例：十字形曼陀罗（八段论法）

我常建议学生平时要多阅读企业管理类的书籍，因为企业管理的论点是讲求合理的因果关系，重视逻辑性。有了创意思考与逻辑思考的结合，自然会产生解决问题的能力。

举个例子，我们常听到的SWOT分析，也可以用十字形曼陀罗四段论法来启动思考。

	机会Opportunity 社会、科技、经济、环境、政治、法律、道德、上游供货商、下游买家	
优势Strength 生产、销售、人力、研发＋技术取得、财务＋投资＋租税、法务＋智权、商业模式、行政管理（本身强）	**本公司**	劣势Weakness 生产、销售、人力、研发＋技术取得、财务＋投资＋租税、法务＋智权、商业模式、行政管理（本身强）
	威胁Treat 社会、科技、经济、环境、政治、法律、道德、二游供货商、下游买家	

	政治 Political	
经济 Economic	**本公司**	社会 Social
	技术 Technological	

▲本公司的PEST分析（十字形曼陀罗四段论法）

▲PEST分析

▲PEST分析

在此我将十字部分放上影响本行业较大的因素，其他角落是影响较小的因素。

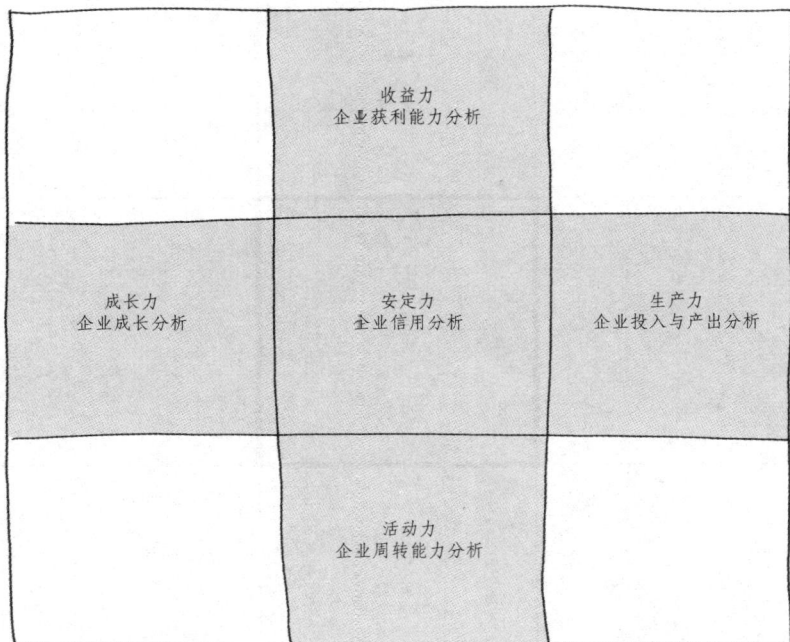

	收益力 企业获利能力分析	
成长力 企业成长分析	安定力 企业信用分析	生产力 企业投入与产出分析
	活动力 企业周转能力分析	

▲企业经营之五力分析

替代 产品		潜在 竞争者		
		产品		
上游 厂商	服务	现有 产品	客户	下游 买主
		技术		
		现在 竞争者		

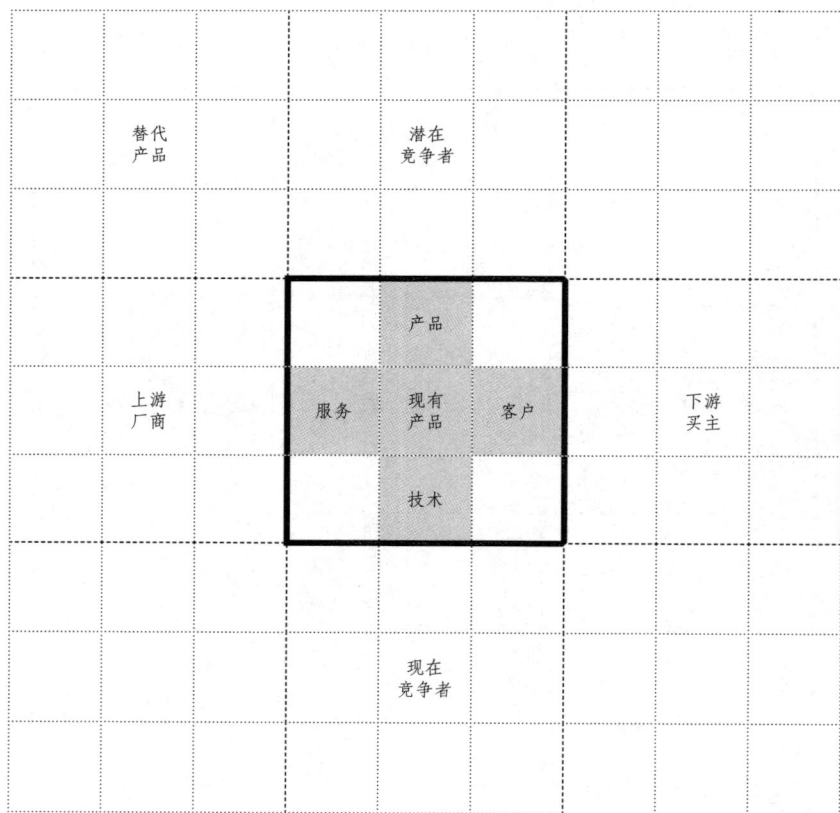

▲波特企业竞争五力分析

活化大脑、锻炼脑力	运用现有知识，强化思考效果	建立不后悔的人生目标与步骤
小聪明风光一时，大智慧风光一辈子	**为什么非学曼陀罗九宫格思考法不可?**	思绪灵活，不容易犯错
增加思考深度与广度	方便建立行动方案	节省学习时间

▲举例：学曼陀罗九宫格思考法的原因

四、延伸思考——融合"奔驰法"

这天艳阳高照，脑力激荡式的会议结束后，我跟助理小琪延续着开会时的话题，继续闲聊着什么是创意。

我说："俗话说'太阳底下没有新鲜事'，即你的想法，过去也有人想过，但我们不太可能看遍全世界自古至今的所有书籍或讯息，所以常常误以为自己的想法是第一次出现在这个世界上。"

小琪说："这么说来，没有什么点子是别人没有想过的啰？"

我说："是的，多数时候，大家都有点子，但是都没有将点子实现。所以古人才说'知易行难'，强调行动力的重要性。"

小琪说："我知道前人点子没有实现的原因了，但是后人想破头才想出跟前人一样的点子，听起来好无力噢！感觉这是很浪费时间的方式。如果有办法搜集到前人放弃的点子或是失败的点子，我们再来改良，这样不是比较简单吗？"

我说："你说对了，有时不需要自己从无到有地全新创造，只要对已存在的事物进行改良或改善，就会发现新市场或是新利润点，像乔布斯将随身听walkman数字化就成了iPod，戴森将吸尘器的集尘袋去除掉就成了吸力永不减弱的气旋吸尘器。这些都只是改良或是改善旧商品的方法，依然建立起大市场。"

奔驰法"SCAMPER"是由七个英文单词的第一个字母组成的称呼，由美国心理学家罗伯特·艾伯尔提出，主要用于改善制作过程与改良事物。

1. Substitute（替代）：取代的新功能或新材质是什么？

2. Combine（合并）：原有功能+新功能是否有效？

3. Adapt（调适）：能否微调材质、功能或外观？

4. Magnify/Modify（修改）：能否改变材质、功能或外观？

5. Put to other uses（其他用途）：能否有其他用途？

6. Eliminate（消除）：可删除或减少什么？

7. Re-arrange（重排）：能否改变顺序？

当初奔驰法是用在工业时代改善有形事物的，但现在是无形服务时代，我建议大家加入一项：情感面向。

虽然实务上改良或改善并不需要一次改变八个面向，但是我们可以利用奔驰法与情感面向来锻炼自己的脑力，先用八个面向思考，再从中筛选出最具体可行的方案。

以曼陀罗的九宫格形式将所想出的方案一次摊开，在视觉上更容易协助我们进行全面性思考，以利于判断。

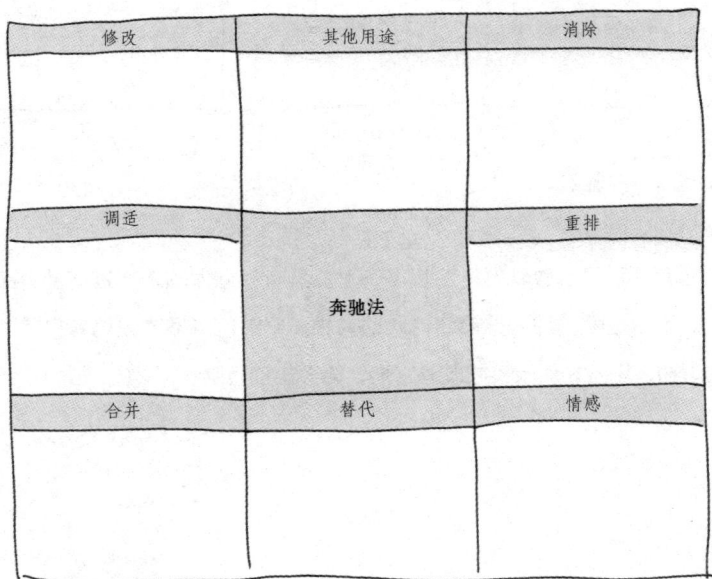

修改	其他用途	消除
调适	**奔驰法**	重排
合并	替代	情感

▲举例：奔驰法

修改	其他用途	消除
1.维多利亚女王的超大衣领 2.LadyGaga的生肉装 3.人体工学椅	1.把椅子当梯子使用 2.便利贴（不粘的粘胶） 3.用浴帽当鞋套	1.无线充电设备 2.全自动电子锅 3.全自动面包机
调适		重排
1.将牙膏孔放大，加大消耗量 2.针织运动鞋	**奔驰法**	1.自己组合的乐高玩具 2.自己装运的宜家家具 3.预付型商品
合并	替代	情感
1.音响＋耳机＝随身听 2.铅笔＋橡皮擦＝附橡皮擦的铅笔	1.硅胶杯盖 2.用杂志盖在泡面碗上 3.谷歌glass 4.iWatch	1.双B汽车代表身份价值 2.自然农法代表爱护健康与爱护地球

▲举例：奔驰法

　　创意者，是勇于做梦者（发想点子）。具有创造力的人，是造梦者（实现点子）。不管是哪一种人，都要勇敢地去想。平时可以多多去思考日常中习以为常的事物，思考如何改良或改善它们，培养出创意脑。

第八章

笔记法

这几年市场上出现了很多教你如何做笔记的书，书中也列出了很多优秀的笔记，但不管笔记形式有多不一样，做优秀笔记的两个要素永远不变：随时记录、记录关键字。

一、做笔记的常见问题

1. 好的笔记要包含哪些部分

制作笔记也是一项技能，需要时间累积才能越做越好。任何一项技能要做到熟能生巧，必须持续不断地练习。获得意大利国际大奖的气球艺术达人陈奕伟、中国目前最红的魔术师刘谦，在刚开始学习时也是每天练习6~8小时，才能生巧。

成绩好的学生，笔记本都会有三个部分：A.抄写黑板上的内容；B.老师的解说；C.自己的疑问和想法。

日本人太田文提出考生制作笔记应该要有三个功能：记录、整理、传达。

根据太田文的统计结果，东京大学学生的条列式笔记有四种功能：上课笔记本、练习问题笔记本、整理笔记本、记忆计算笔记本。这本书还提到条列式笔记的七个特色：

· 第一个字对齐。

· 一定要写的时候才动手写，否则影印即可。

· 旨在清晰，不怕大量留白。

· 愿望快速实现靠索引。

· 笔记本的段落分明。

· 记笔记之前先有规划。

· 本本字迹清楚工整。

我再进一步说明这七点：

· 保持版面整齐。

· 影印转贴也可以。

· 保持清晰，不怕大量留白。

· 标题清楚。

· 段落分明。

· 先想清楚大纲与规划，再动手写。

· 字迹清楚工整。

若要适用不同的年龄层与各种不同的制作目的，我这样建议，做笔记应该要有三个功能：记录、整理、确认。

记录是指把课堂上老师讲的重点写下来，方便自己复习使用。

整理是有系统地归纳重点，把熟悉的或不熟悉的部分都自己整理出来。

确认是否把自己已经理解的部分反复练习到纯熟，可以通过一些问题的思考，确认是否已经有自己独有的一套理解。

2. 做笔记的过程可以提升学习效率

根据东京理科大学公共教育中心筱原菊纪教授运用脑部扫描研究发现：

A.笔记本记下黑板上的内容 + 说明：脑部的理解与记忆区域都很活跃，在做笔记的同时，脑部还在储存上课的内容，这种状态容易记住上课内容。

B.笔记本只写下黑板上的内容：大脑掌握理解的部分呈现活力，其余部分没什么活力，表示内容了解了却不容易留在脑中。

C.把黑板上的内容 + 说明用计算机打出来：不管多用心，整个脑部都没什么活力，表示不需要任何意识也能做笔记，脑部无法发挥理解与记忆功能。[1]

如果你做很多的笔记，但是成绩还是不好，或总是记不住，就请多多注意上面讲的内容，回头检讨自己过去做笔记的过程出了什么问题，开始重视笔记的质量，当质量改变了，笔记的记录数量就算不多，你的学习效果也会增加的。

根据日本作家太田文[2]的统计，还有我自己在上课时看过的很多学生的笔记，发现注重逻辑的人，常常笔记一行一行的都很整齐，而比较有创意思考的人，笔记常常不拘泥于固定规则。不管哪一种人，整体来看，让人一眼感觉"漂亮"的笔记本人人都喜欢看。

3. 什么笔记可以同时训练逻辑与创意

答案：曼陀罗笔记法[3]。

---

① 资料来源：《实现一生梦想的笔记本》（太田文著，联经出版公司）。

② 日本作家太田文著有《考上第一志愿的笔记本》《实现一生梦想的笔记本》（联经出版公司）。

③ 但其实只要是图像式笔记都能结合左脑逻辑理解 + 右脑图像创意，如思维导图、鱼骨图、系统图、组织结构等。

二、如何做出好笔记

1. 先掌握5W2H

事件的发生一定有人、事、时、地、物、原因、结果、方法、成本。所以基本的阅读原则就是掌握5W2H——Who（人）、What（事、物）、When（时）、Where（地）、Why（原因）、How（如何进行、什么方法）、How many或How much（有形与无形成本）。[1]

Who （人）	What （事、物）	When （时）
Where （地）	**笔记重点**	Why （原因）
How （如何进行、 什么方法）	How many或How much （有形与无形成本）	个人心得

▲举例：5W2H笔记法（用法一）

---

[1] 平时常见的是"六何法"：何人（Who）、何时（When）、何地（Where）、何事（What）、为何（Why）、如何（How）。

Who （人）	what （事、物）	When （时）
Where （地）	**笔记重点**	Why （原因）
How （如何进行、 什么方法）	Why （结果）	个人心得

▲举例：5W2H笔记法（用法二）

我们在思考事情的时候有四个层次，掌握5W2H让我们知道事情的基本要素，属于"思考事情四个层次"中的第一与第二层次，需要的是分析能力。没有第一个层次的理解，就没有办法累积出第二个层次的思考，依此类推，思考的训练必须先从掌握最低层次的理解开始，逐步训练到最高的层次。可惜的是，目前的学校教育通常只重视考第一个层次的问题，好一点的考试会考我们第二个层次的问题。因为这两种层次的问题几乎都有标准答案。[①]

———————————

① 虽然有些学校教材会探讨第三、第四层次的思考问题，但是都给了学生"标准答案"，考试时必须写出"老师的答案"，这种方式一样是属于第一、第二层次的教学。

举例来说，孙中山先生发动革命的故事我们都学过，能够讲出孙中山先生为何要发动革命、如何发动革命，这是第一个层次的理解。

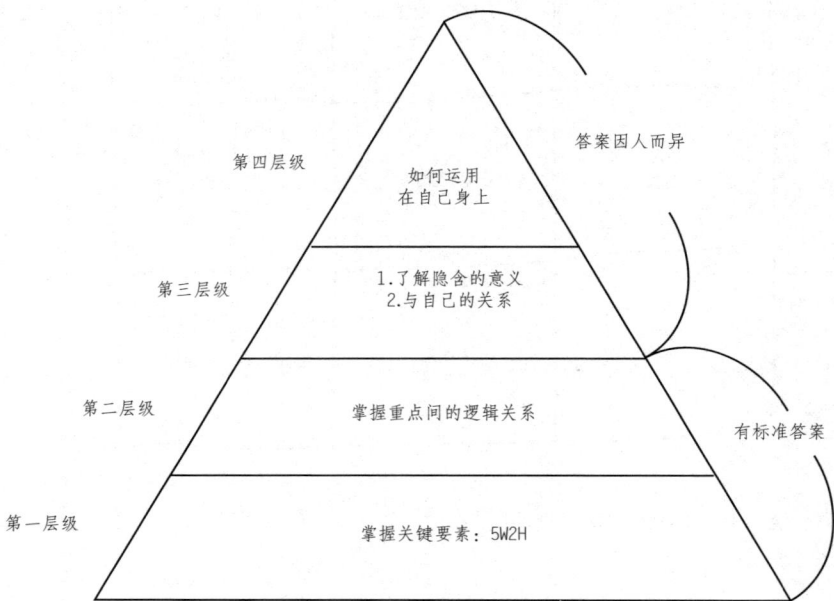

```
第四层级          如何运用          答案因人而异
                 在自己身上

第三层级          1.了解隐含的意义
                 2.与自己的关系

第二层级          掌握重点间的逻辑关系
                                   有标准答案

第一层级          掌握关键要素：5W2H
```

▲思考事情的四个层次

能够讲出孙中山先生发动的革命之间相互的影响、关系是什么，如果中国没有孙中山先生革命会怎样，中国若是由别人来发动革命会怎样，这是第二个层次的思考。

何谓革命？革命跟叛乱有何不同？革命也是成者为王、败者为寇吗？孙中山先生发动革命这件事情带给我的影响是什么？这是第三个层次的思考。

如何运用孙中山先生革命的经验来帮助自己？我可以从孙中山先生身上学习什么？这是第四个层次的思考。

以东西方文化差异来说，东方注重掌握因果关系，强调先了解事物的本源，注重Why；而西方文化注重事情发展的过程，强调方法学，注重Who、What、Where、When、How。同样由一家公司发展成集团，鸿海倾向用并购方式，统一倾向用品牌代理；台塑倾向由自己开一家公司。西方文化会研究他们怎么去并购、怎么代理品牌、怎么自己开公司，而东方文化会研究他们为什么想要发展成集团。在工业革命之前，中国的繁荣胜过西方世界，工业革命后情况颠倒，于是清朝统治者提出了"中学为体，西学为用"的概念，曼陀罗思考法正是连接"中学为体，西学为用"的最好工具。

注重第一、第二层次思考的笔记是"多数的记录＋少数的整理"。若想要考好成绩，必须先学会怎样做笔记。做笔记刚开始可能不会漂漂亮亮的，从明白做笔记很重要到感受到做笔记的乐趣是要时间累积的。别忘了，凡事"熟能生巧"。

回头呼应一下我在前言中提到的"输入＝输出"概念，学生时代的笔记是以方便自己或是记录自己的理解为主，以自己的立场来写，目的是为了输入大脑。就业之后做笔记，不是为了考试，而是运用自己的联想力、创造力，整合自己的知识，把整理好的信息传达给别人，方便自己输出、方便别人了解。[①]

2. 一定要写出个人心得

小时候作文老师总爱叫我们写阅读心得，这个题目总是难倒80%以上的学生。很多成人学生来找我学习时，私下常常反映讲出个人心得是他最害怕的一

[①] 康奈尔系统（Cornell System）是一个有效做笔记的技巧，使用随笔或是简单的格式记录，在页面右边用简短词语而非完整句子做笔记，除非是很重要的定义或观念才完整写出。在页面的左边写下关键词或需要被定义的字词。在这里大家可以看到也是要求包含做笔记的两个要素：随时记录、记录关键词。

件事。因为很多工作的场合不能说实话，实话可能会伤害他人或是引起争执，更严重的是主管与老板常常不是真心想听员工的实话。所以上班族习惯了自我催眠，告诉自己不要想太多，反正就跟以前考试一样，讲出主管或是老板心中的标准答案就是了。慢慢地，就丧失了自己独立思考的能力。

但工作上的问题，却又很需要我们不断地做第三、第四层次的思考，没有标准答案的第三与第四层次的问题通常是老板出给我们的考题。这也是为什么许多上班族或是高阶主管会来找我教他们如何思考的原因。要把抽象与动态的教学过程以文字清晰表达，这本就是一件不容易的事，在这本书中，我会尽量想办法做到。

如果你想改变自己，如果你想要培养自己有更深入的思考能力，如果你不想变成一个人云亦云的人，请你从现在开始，在笔记的最后一定要加上一项"个人心得"。

三、笔记法的运用

1. 提升思考层次的笔记

想锻炼自己深入思考的能力，写出第三层次与第四层次的笔记，请多多阅读寓言故事。寓言，就是"寓意于言"。通过故事情节，把自己认为正确的道理说给别人听，让听的人从故事中体会隐含的道理。看这类故事的步骤是：

（1）故事情节的5W2H。

寓言所说明的道理都是寄托在故事之中的，不能主观臆断。所以我们阅读寓言时首先要了解这是一个什么样的故事。

很多人只是看故事，而没有记录故事的关键点，看完故事后印象不深刻，这种情形的人就很适合一边看故事，一边用曼陀罗来做笔记。

做笔记是为自己看的，以能让自己看懂为主，抱持这种心态，通过不断地做笔记，你会越来越进步，甚至别人看你的笔记也会觉得很容易懂。

（2）隐含什么道理。

【举例】上帝要藏在哪里

宇宙刚开始的时候，神决定把自己隐藏在他自己的创造物中。"我必须藏在一个不容易被发现的地方，因为当人类花心思去寻找我的时候，他们的精神跟智慧都会有所成长。"

正当神在思考怎么做时，天使们可了："为何不把自己藏在地底深处呢？"

神想了一下："不行。他们很快就知道开挖土地来发现地底的宝藏。太快让他们找到，时间不够他们成长。"

天使又问："神啊，那你为什么不藏在月亮之中呢？"

神马上说："不行！虽然这会需要他们多花一点时间，不过不久后他们就能进入太空，登上月球。在他们没有足够的时间成长前，他们就会找到我。"

天使想不出到底藏哪里比较好了。

一个最小的天使说："我知道了！为什么不把自己隐藏到人类的心中呢？他们不会想要去那里寻找你的！"

"就是那里！"神很高兴找到了理想的藏身之处。

于是神就秘密隐身于人类的心中，直到人类的心灵跟智慧够成熟了，他们才能开启进入自我内心深处的伟大旅程。在那里，人类会发现他们的神，然后从此与神在一起。[1]

----

[1] 节录自《一生必读的 100 个睿智故事》［（英）玛格丽特·斯尔夫著，晨星出版有限公司］。

人： 上帝、小天使	事、物：	时：
地： 1.藏在地里 2.藏在月亮上 3.藏在人心中	**上帝要藏在哪里**	原因： 通过寻找的过程去帮助 人类增长精神与智慧
如何进行、什么方法： 1.上帝想要藏起来，让人 类花心思寻找 2.小天使提出躲藏地点的 建议	结果： 上帝藏在人心中	个人心得： 1.本文通过基督教全能的上 帝来代表智慧 2.智慧的产生不是来自别人 给你的，而是要通过不断 的内在反省，才会开启无 限的智慧

▲举例：上帝要藏在哪里（5W2H笔记法）

通过上面的曼陀罗九宫格，你或许已经发现，以曼陀罗填写的方式，形成一种图像，故事变得一目了然，容易产生整体观，其本身的结构也被解析了，整个制作曼陀罗的过程是在锻炼我们的分析能力与逻辑能力，最后心得的填写正是培养我们第三与第四层次的思考能力。

曾经有个担任电子行业主管的学生说到他自己的一个经历：

有次跟同事一起去听一场演讲，中场休息时间，同事问："会不会觉得这个老师讲的内容很乱，很没有逻辑？"

我当时回答："不会呀！我觉得他讲得很清楚，他先讲……再讲……最后是……"

同事听完后说："为什么我听你讲就很清楚，听他讲就觉得很乱，我好像逻辑不太好。"

这个同事能相当诚实面对自己的问题。在课堂上有这种问题的人其实不少，建议有这种问题的人可以用曼陀罗，一边看书或是一边听故事，一边动手做记录，别忘了最后再看这个九宫格曼陀罗，填上自己的心得，才能帮助自己提升思考层次。

【举例】谷歌整理术——过滤你不需要的

在信息爆炸的年代，我们每天接收的信息塞满手机。怎么知道哪些不必理会，只将真正需要的东西记进脑子里？要怎样才能做到？靠"过滤"才行。

关于过滤，我是这么做的：当我坐下来阅读时，手边一定会准备好四支荧光笔和一支颜色醒目的圆珠笔（如紫色）。接着，我很快逐页浏览，找寻跟我目标相符、可能重要的信息。

一旦找到有趣的文字，我会用醒目颜色的圆珠笔在一旁空白处标示星号。这时候我还不打算把这些文字跟其他信息做链接。我只是单纯地把看似重要的文字先标出来，也等于把其他不重要的东西先排除。

完成一章之后，我会从头再读一遍，但只读那些由醒目颜色标示出星号的句子或段落。这一回重读时，我会根据目标，将这些文字分成四类，分别用四种不同颜色的荧光笔标示。举例来说，假设我正在读数学教科书里的某一章，我会把标示的文字分成以下四类用四种颜色来表示：

①新名词的定义与原理用黄色荧光笔标示，目的是提醒我要背下来。
②数学公式及衍生算式则用粉红色标示，这表示我得搞清楚它们的模式。
③看不懂的部分则会标示成蓝色，提醒我稍后得再仔细重读。
④例题的解答过程则标示绿色，等我解完例题后，再回来核对答案。

随后，等我第三次浏览同样章节时，我一下就能挑出那些用荧光笔标示的部分。有些地方我会仔细再读一遍，试着理解它的意思，并找出它跟其他荧光笔标示部分的关联。这么做是帮助我找出那一章里重要信息的共通模式，让我设法从中发展出故事。一旦这些信息有了关联与脉络，编码时就容易多了。自从有了这项过滤技巧，我的速读水平变成世界一流，这个方法至今我仍十分受用。

人脑记忆少量信息的能力，要比记忆大量信息好太多了。这不仅适用于资料，也适用于行动。每当你遇上棘手的事，就试着把它拆解成独立的小任务，各个击破比较容易。对于管理我们每天接收的信息，的确是不可或缺的方法。

任何文章做好过滤之后，日后不论过了多久，重读时都能轻松掌握关键信息。人的记忆实在非常不可靠。若你需要某份数据时，总是能顺利回想起来，那么你会更有条理，也更成功。[1]

---

[1] 节录自《大数据时代：高效的上网整理术》［（美）道格拉斯·梅瑞尔著，杭州蓝狮子文化创意有限公司］。

人：	事、物： 黄、红、蓝、绿的荧光笔 醒目颜色的圆珠笔	时：
地：	**Google前执行长的 阅读技巧**	原因： 1.真正需要的东西才记进脑子里 2.分色标记重点，方便日后重读
如何进行、什么方法： 步骤一：标示你要的，过滤不要的 步骤二：用色笔标记 1.黄色笔：要背的 2.红色笔：要搞清楚推演模式的 3.蓝色笔：看不懂的，要精读的 4.绿色笔：要对答案的 步骤三：分析逻辑关系	结果： 1.轻松掌握关键信息 2.能顺利回想 3.更有条理，也更成功	个人心得： 如同我在速读课堂上常提醒同学 的： 1.速读是掌握重点在哪里的一项 技巧 2.重点在哪里是因个人需求来决 定的

▲举例：Google前执行长的阅读技巧（5W2H笔记法）

【举例】画个图讲得更清楚——开会要开好，画的比说的有效

想到开会就没力？请使用"视觉会议"工具！用涂鸦、便利贴、手势，可专治打瞌睡、玩手机、没意见等状态，还能提神醒脑、活化脑力，并且帮助你梳理发言内容、加强记忆。

在这几项工具当中，最有效的就是你天生的画图能力。信不信由你，这种能力就深植于你的体内。我所谓的画图，就是指我们讲话时比手画脚的那个样子，也就是表达我们意思的各种简单动作。

把会开好的第二类有效工具，就是互动媒介，在本书中，我们以"便利贴"来作为主要象征。概念和便利贴相近的，还有图卡、思维导图软件等可以随意移动的小道具。电影等影像设计者在设计草稿的时候，将一小段一小段的

信息不断反复组合，从而整合出不同剧情发展的分镜图。其实，我们也可以用这种方法来主持各种大大小小的会议，讨论各种不同的议题，而不只是将它用在设计上。人类喜欢互动，让大家可以直接"碰触"到信息，可以提升与会者的参与度。

我把第三类工具称为"构想图学习法"，主要是运用隐含在图表或工作表中的视觉隐喻，促使团体成员通过视觉来思考。

我之所以对"视觉会议"工具这么有信心，是因为从我第一次拿起奇异笔，用可视化的方式引导团体开会起，就感受到以下三个现象：

·认真参与。当你将与会者所说的话通过互动的方式以图像记录下来，与会者会感受到自己的意见受到倾听和重视，对会议的投入程度也就会大大提升。

·整体思考。如果能让团体从整体的角度思考，去比较不同信息、找出聚焦点，并把信息汇总成构想图，大家的头脑会变得聪明许多。

·团体记忆。创造令人印象深刻的媒介，能大幅提升团体记忆以及会议后的执行程度，这两者都是团体效能的关键因素。①

① 节录自《商业周刊》第 1204 期，内容引用自《画个图讲得更清楚》〔（美）大卫·斯贝特著，时报出版社〕。

Who	What 第一类工具：比手画脚 第二类工具：便利贴、图卡、思维导图软件 第三类构想图学习法：图表、工作表、示意图、草图	When
Where 1.会议 2.团体讨论	**开会要开好，画的比说的有效**	Why 1.可治打瞌睡、玩手机、没意见 2.提神醒脑、活化脑力、梳理发言、加强记忆 3.大家认真参与，因为充满互动 4.容易整体思考，容易比较与汇总信息 5.提升团体记忆，以及会议后的执行程度
How	How many或How much	个人心得 养成大家具备图像思考的能力，大家自然就会用图像来沟通

▲举例：开会要开好，画的比说的有效（5W2H笔记法）

2. 预想式笔记

前述笔记可以说是（复习用的）提示笔记或是心得笔记。建议大家还要做供未来创造用的"预想式笔记"。

也就是当我们想到什么时，赶紧记录下来，用曼陀罗方法记录有一个好处，就是有大量的空白可以随时补充。因为现在提出的问题与思考大纲，是供自己日后继续思考使用的，所以我称之为"预想式笔记"。

【举例】"预想式笔记"

很多台湾地区的人都被教育成"乖学生"，就是书上怎么写，我就怎么写，老师在黑板上写什么，我就照抄什么。在填写预想式笔记曼陀罗时，请尽量用《神奇的眼脑直映快读法》中如何抓重点的方式，不要照抄原文，而是经由自己思考后，尽量用更精简的字词，用自己的话来表现最好。

1.敢于决断 克服犹豫不定的习性	2.挑战弱点 彻底改变自己的缺陷	3.突破困境 从失败中获得成功的资本
4.抓住机遇 善于选择、善于创造	5.发挥强项 做自己最擅长的事情	6.调整心态 切忌让情绪伤害自己
7.立即行动 只说不做，徒劳无益	8.善于交往 巧妙利用人力资源	9.重新规划 站到更高的起点上

▲举例：成大事必备九种手段（预想式笔记）[①]

3. 十二宫格笔记

或许你会疑惑：十二宫格也叫曼陀罗思考法？

十二这个数字有其实务上的意义，因为古代人在开始发展数学的过程中，

---

① 资料来源：《手段：成大事的各种手段》（王志刚著，海洋文化）。

分类是一项重要需求，十二可以分别被一、二、三、四、六整除，因此我们最早发展出来的进位方式是十二进位而不是十进位，例如，一打十二个、一年十二个月、一年二十四节气、一天二十四小时。

其中跟时间相关的单位都是从观察地球移动产生的天象变化而来，天象周而复始、循环不断的变化也就是曼陀罗思考法中的宇宙观——天圆地方。因此，曼陀罗思考法可以是周而复始、呈放射状、圆形、方形的表现方式，故曼陀罗思考法不仅是九宫格而已。

平衡 中庸之道	慈悲 映照慈悯	行动 做才是真理解
选择 取回由放选择的力量	信心 相信你的心	循环 循环必反回而复始
过程 随那配堆完成小目标	期望 扩展未来	臣服 遵守更高的意志
现在 活在当下	诚实 对自己诚实	合一 我与世界是一体的

▲举例：《鹿智者的心灵法则》（十二宫格笔记）[1]

---

[1]　资料来源：《鹿智者的心灵法则》[（美）丹·米尔顿著，心灵工坊]。

第九章

思考与分析

一、思考的提纲

在计算机这么发达的时代，整理与归纳的能力是越来越重要了！很多人收集资料，却没有好好记录自己思考的过程。我们吸收后的信息会随意分散在大脑各处，当要使用的时候，必须产生有意义的连接，才能将它们整合成单一的知识。不管是书写、演说、简报，还是企划，输出我们的想法前，务必先审慎整理思考的提纲，而整个思考的过程则必须通过书写，才能得到完整的记录。每个人必须依照自己的需求来改变记录的方法，也就是要做到有目的性的记录。

很多人在学生时代最害怕写作文，工作之后最害怕写报告跟上台发言，其实从思考角度来说，它们是同一件事情。

根据我的非正式统计经验，在讲授魅力演说与简报的课堂上，来求教的人大约有50%是关于内容的问题，50%是关于表现方式的问题。如何安排好内容结构呢？除了可以运用思维导图外，曼陀罗也是一个相当好用的工具。

这里我建议使用九宫格或是八十一宫格的曼陀罗，这就要求我们的内容要精简扼要、不要偏离主题，这样也容易看出自己的内容偏重与偏颇之处。

这边我选择用顺时针的方向，在正式报告时比较方便阅读。根据短期记忆宽度7±2，好的演说与简报八段内容是极限，请勿超出。同时千万不可以像以前老师教我们写作文一样用起承转合的方式来拟订演说与简报大纲，这也是我在魅力演说与简报课程中最常看见学生犯的错误。

2.	3.	4.
1.		总结/结论/建议
重点提要	开场	QA

▲举例：演说、简报、企划的曼陀罗形式（以日文*の*字的顺时针方向填写）

因为起承转合的方式属于"我只管写，不管你的想法"的单向沟通方式，跟演说、简报这种讲求互动的沟通原理相违背。

成功的简报，以清晰架构为基础。另外补充一点，出色的策划书是越少页数越好，厚厚一叠的简报简直是在向别人说"千万不要看，因为看完你就累了"。

要将内容整理在一张A4纸内，就要进行取舍，并以最简短的标题传达讯息。这关系到内容精练程度，也等于告诉对方自己具有消化数据并精简传递讯息的能力。

大家习以为常的起承转合也不适合用来拟订工具书类的写作，以本书为例，当初我在思考这本书要写什么时，画了下面两个曼陀罗，先进行放射状的发散思考（水平思考），再进行顺时针的垂直思考。

指出正确与错误的观念 1.形式：九宫格、八十一宫格…… 2.结构 3.起源与演变 4.学习重视过程而不是结果	各种运用举例，方便了解 1.尽量给出各种曼陀罗图 2.尽量口语化，不要太学术气	它是一种记录 1.图像笔记 2.日程表
它注重思考过程，可以从结果反推思考过程 1.职业规划、审视分析 2.目标设定 3.心灵治疗（艺术治疗）	**曼陀罗九宫格 思考法**	它方便随时增减，提供反思 1.人脉管理（分类的重要性） 2.写作大纲
结合工法与心法，不仅是一本工具书，还要提供一些该领域的运用观念 1.时间管理 2.商品设计（创意训练） 3.笔记法（整理归纳） 4.通达事理（深入分析）	可训练大脑哪些能力？（用到大脑哪些能力？）（优点？） 1.创意训练 2.逻辑力 3.图像思考力	还有哪些具有异曲同工之妙的图像化思考法？ 1.思维导图 2.九宫格思考法 3.九宫格问题分析思考法

▲举例：曼陀罗九宫格思考法

之后再整理成下列的曼陀罗，由点至线，由线至面，获得扩展（以日文的字的顺时针方向填写）：

三、与曼陀罗异曲同工的方法
1.思维导图
2.九宫格思考法
3.创新型问题解决理论（九宫格问题分析思考法）

四、基本结构
1.中心主题、问题
2.八种思考角度
　六顶思考帽
　（类似概念）
　六双行动鞋
　（类似概念）
3.放射状排列
4.顺时针方向排列
5.十字形

五、实际运用
1.规划人脉网络
　人脉分类表——工作用
　关键人物分类表——能力分析
　关键人物分类表——工作用
　人脉分类表——个性分析
　关键人物分类表——个性分析
　未来人脉分类表
　人物基本数据表
2.职业规划与时间管理
A.职业规划
(1)定义成功
(2)价值观
(3)信念
B.目标设定
(1)可行的具体行动
(2)可视化
C.日程表记录
(1)日计划
(2)周计划
3.创意训练
(1)商品设计与分析
(2)延伸思考
4.笔记法（5W2H+心得）
5.思考的提纲
6.通达事理

二、训练大脑的主要能力
1.联想力训练
2.逻辑力训练
3.创意力训练
4.图像化思考能力训练

曼陀罗九宫格
思考法

六、疗愈心灵的曼陀罗彩绘

一、曼陀罗思考法的由来
1.名称起源
2.演变过程

学习之前，先了解
1.回响
2.作者序
3.表现形式

七、电子化时代的曼陀罗软件

1. 融合五感沟通

人力银行的职场竞争力调查显示，20到30岁认同表达能力是重要的，企业界也多半认为20到30岁的年轻人最需要加强口语表达的能力。其中外商多认为20到30岁刚毕业的年轻人最需要加强表达能力与逻辑思考能力。

生活中太容易见到"有沟，没有通"的情况。尤其是在大学教室中，常常台上老师们说得口沫横飞，但台下学生抓不到老师要讲的重点。这是听的人缺少聆听能力的原因。

缺少聆听能力的人，自然也无法从生活中学会好的表达方式。

聆听能力不是一蹴而就的，写下你"聆听"到的讯息，能让你更快建立全面性的聆听能力。日常对话不太容易进行手写工作的话，我们可以运用曼陀罗的九宫格形式，利用看电视剧来练习聆听能力。

脑到（逻辑/理性）	口到	总结
心到（情感/感性）	沟通	
耳到	眼到	

▲举例：融合五感沟通

脑到（逻辑/理性）	口到	总结
1.重复对方话语重点 2.加入个人观点 3.内容绝不离题	1.不跟对方抢话说 2.会给对方保留细节描述的空间 3.鼓励对方多发言	1.生活经验与社会历练会增加不少话题的丰富性 2.真心诚意地想要听对方描述故事细节 3.引导话题往正面去思考 以上是个人必须努力的方向
心到（情感/感性）		
1.正面思考响应对方 2.真心对对方的话语感兴趣 3.不否定对方的情绪	**张小燕** **《小燕有约》**	
耳到	眼到	
1.音调较高 2.语调兴奋、开心 3.悲伤事会轻声细语 4.听完对方话后才发言	1.持续保持笑容 2.眼睛注视对方	

▲举例：观察张小燕主持《小燕有约》（以日文**の**字的顺时针方向填写）

2. 融合三角剧本

有次在公务员的高级主管培训中，我问："'说什么'跟'怎么说'，哪个重要呢？"

约有三分之二的主管回答："'怎么说'！"三分之一的主管回答："'说什么'！"

我问："如果一个人讲话，内容非常有料，但是台下听的人觉得很无聊，纷纷开始打瞌睡了，你们觉得这样的演讲好吗？所以'说什么'跟'怎么说'，哪个重要呢？"

这时，几乎所有的主管说："'怎么说'！"

我问："如果有一个人上台讲一堆的笑话跟故事，内容没有料，但他让大家听得很开心。演讲结束后，大家努力回想刚刚的过程，只记得很开心，但对于刚刚听到了什么，一点印象都没有，你们觉得这样的演讲好吗？"

大多数的主管一致摇头，但每个人的表情皆充满着疑惑。

我说："所以，'说什么'跟'怎么说'一样重要。"

"认为'怎么说'比'说什么'还重要，其实是落伍的观念。"

"应该是以'说什么'为核心，先做好核心，再包装上一层'怎么说'。"

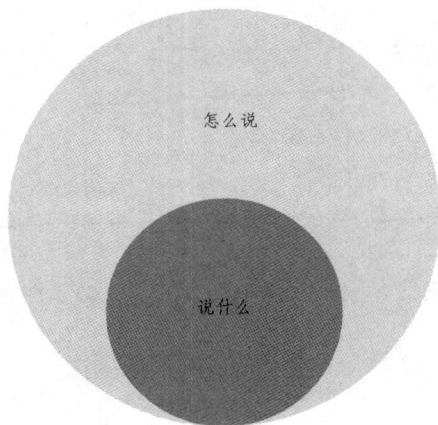

懂得"说什么"，很多人误以为就是要"会表达"。

举例来说，有些人觉得妈妈很啰唆，妈妈常常唠叨，这时的妈妈很会表达，但是跟孩子之间是"有沟，没有通"，所以其实会表达≠会沟通，话说的多这很好，但是废话太多也不行。

口语表达有三个部分要注意：主张要明确、理由要明确、要有逻辑性。可以运用三角剧本法（三分法），依序是"想说的事→主要内容信息→理由与依据"。

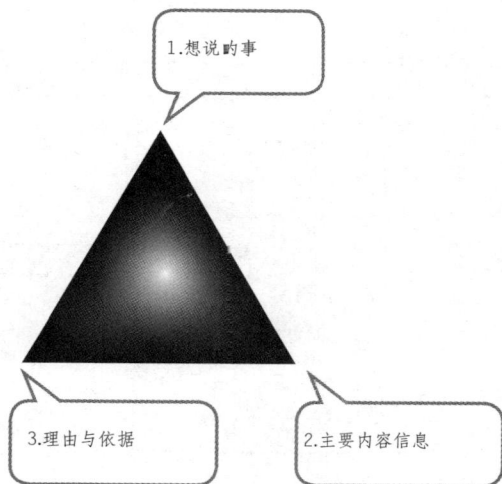

（1）想说的事：别讲太多的背景介绍，最好是一句话就讲完。请用新闻记者写标题的方式，直接在一句话内把结论说完。

（2）主要内容信息：将焦点放在自己的论点上，"三原则"要永存心中，人的记忆力有限，最多三点就要把信息讲完，也就是要尽量把你的内容浓缩在三个要点之内。每一项要点内容浓缩成20个字左右（也就是5秒钟）。

（3）理由与依据：要理性、要客观，具体数据优于模糊情境，也是符合三原则为佳。

最后，要帮听众做个小小的总结，帮他们摘要重点，这样大家会更容易记得你讲了什么。曼陀罗结合三角剧本法，可以让我们的口语表达万无一失。

主要内容信息三	理由与依据一	理由与依据二
主要内容信息二		理由与依据三
	口语表达	
主要内容信息一	想说的事	总结

【举例】对公司同仁发表讲话

改革是企业建立百年基业时必然会走的一条路。我们会有一段时间必须面对改革的阵痛，但现在是改革的最好时间，如果我们现在不改革的话，未来一定会蒙受更大的损失，改革越晚损失越大，所以改革是我们不得不实行的。

主要内容信息三	理由与依据一	理由与依据二
	不改革会有损失	改革越晚，损失越大
主要内容信息二		理由与依据三
现在是最好的改革时机	对公司同仁发表讲话	
主要内容信息一	想说的事	总结
改革会有阵痛	必须改革	改革是不得不实行的

▲举例：对公司同仁发表讲话（以日文の字的顺时针方向填写）

【举例】向客户销售

本公司向贵公司推荐这套系统的原因一共有三点：第一，系统本身管理起来很方便，因为整体的架构简单，不需要很长时间的培训，让使用者很方便地就能上手。第二，保养方法很简单，可以帮您省下维护费用，例如，操作时若发生问题，因为架构简单，维护人员可以很快地找到原因，省下维护的时间成本。第三，我们有24小时专人接听的客服中心，可以给您提供坚强的后备支援。基于以上三点，我向您推荐选用本公司的这套系统。

主要内容信息三	理由与依据一	理由与依据二
坚强的客服支援	系统架构简单，用户方便，很快就能上手，不需要长时间的教育训练	操作方法简单，故发生问题时，可以快速找到原因，架构简单也能节省保养维护时间
主要内容信息二		理由与依据三
保养简单，维护费低廉	向客户销售	24小时专人接听的客服中心，实时协助处理任何问题
主要内容信息一	想说的事	总结
便于管理，可省下训练成本	推荐本公司的系统	本公司这套系统值得您购买

▲举例：向客户销售（以日文**の**字的顺时针方向填写）

二、通达事理

文字有局限性且常常造成误解。

中国人喜欢用各种不同的文学性词语来描述月亮，例如，太阴、素魄、冰魄、桂魄、瑶魄、桂月、桂宫、桂轮、桂殿、玉桂、广寒、宝镜、玉镜、金镜、寒镜、玉盘、金盘、银盘、冰盘、水晶盘、玉轮、金轮、银轮、冰轮、霜轮、玉兔、圆兔、金兔、蟾兔、狡兔、妖蟆、玉蟾、霜蟾、金蟾、素蟾、冰蟾、嫦娥、姮娥、素娥，大家讲的都是同一个月亮，名称却有41个。

因为中文强调用字优美，有时以讹传讹或是不小心误用，让我们反而讲不清楚本义为何。所以有时我们要探究文字的本义，通过英文同义字，或是更严谨的法文同义字，才能掌握事理本质。

我过去曾经提出了"学习五力"的观念，在分析建立学习能力的五种能力之前，必须清楚学习是为了更聪明，还是更有智慧。当时我用曼陀罗思考法，来分析聪明跟智慧有何不同。

Smart 聪敏的；伶俐的	Clever 敏于学习和理解的；机灵的；伶俐的；灵巧的	Ingenious (指人)善于用新的或简单的方法解决复杂问题；心灵手巧的；善于发明创造的
Intelligence 学习、理解和推理的能力	**聪明**	
		结论：在于明察四方

Wisdom 做决定或判断时，表现出的经验和知识；正确的判断；明智；有鉴识的想法	Wit 用措辞、构想等，产生巧妙幽默的能力；悟性；理解力	
	智慧	
		结论：在于通达事理

这里要提醒大家很重要的一件事情，请勿翻阅网络字典或是太小本的字典，以免里面字义不完全。

既然《九宫格思考法》在探讨思考训练，那思考又是什么呢？

Thinkover 仔细考虑	Pondering 也可翻译为思索。仔细考虑、衡量、反思、回想、沉思、默想	Reflection 仔细考虑
Deliberate 深思熟虑的、慎重的、谨慎的、商议	**思考** （动词）	Meditate 深思、沉思、冥想（指精神方面的）
Think 想、思考、认为、有意打算、计划、朝某一方面想、专想某件事		结论：针对某一件事情仔细不断地想，具有逻辑性。

Think deeply 深深地认为	Pondering 也可翻译为思索。长时间针对某事仔细考虑以便做决定、反复思考	Speculate about 推测、推断、投机
Ruminate 沉思、反复思考	**思索** （动词）	Consider 以做决定为目的，考虑某人某事、细想、认为、体谅
		结论：针对某一件事情反复不断地想，希望能获得某种决定

Consider carefully 小心地考虑	Contemplate 思量、仔细考虑、预料、盘算、考虑某事物的可能性、深思熟虑某事物	Deliberate 深思熟虑的、慎重的、谨慎的、仔细考虑、深思熟虑、商议
Concernment 忧虑、焦虑、焦急，对某人来说是重要的或感兴趣的事物	**思虑** （动词）	
		结论：针对某一件事情反复不断地考量各种情况，并且特别注意负面的结果

Thought 也可翻译为思维。思考的过程、沉思、考虑、关注、顾虑	Thinking 也可翻译为思维。思想的、有理性的、有思考力的	Idea 主意、计划、印象、感想、臆测、意见、信念、观念、目的、模糊的想法、想象、认为某事有可能发生的感觉
Cerebration 大脑作用、精神活动	**思想** （名词）	
		结论：从理性的角度去考虑，获得某种抽象的结论

Train of thought 思路	Thinking 也可翻译为思想。 思想的、有理性的、好思考的、意见、想法	The source of feelings 感觉、看法、感想、预感、意识、感情、同情、体谅，以上字词的来源
Heart 内心、心肠、感情、勇气、精神、心灵、衷心、某事物的中心	**思绪** **（名词）**	
		结论：从感性的角度去考虑，获得某种抽象的结论

你发现了吗？文字与语言的沟通过程，是需要输出方与输入方彼此的理解度一致的，否则很容易造成误解。[①]

跟人家讲话的时候，我常常在脑中画思维导图或是曼陀罗图来整理双方的对话内容，别人看不到我的脑部运作，只能从我的言语中来了解我在想什么，但是难以得知我的思考过程是怎样的。

常有学生很诧异地问我："为什么你会想到这些事情呢？你对一件事的分析这么简单且多元，是怎么办到的？听别人讲都讲不清楚的事情，怎么你一说

---

① 想要知道我们生活中有多少文字出现定义错误与逻辑错误？建议阅读《逻辑思考防身术》（杰米·惠特著，漫游者文化出版），作者是英国人，提出在多项常见政治、宗教、社会议题上，被大家广为接受却充满逻辑错误的论点。

就变得很简单？"我没什么诀窍，每天运用曼陀罗与思维导图而已。当临界点的那一天到来时，你也会跟我一样，让别人很诧异地问："你是怎么想到的？"

初阶——寿险：	进阶——意外伤害险：	进阶——医疗险：
定期寿险	意外伤害险	住院医疗险
投保原则： 1.最少保费 2.险种单纯 3.预留加保空间	**单身贵族 保险规划**	高阶——理财用 月光族可用储蓄险来强制储蓄
财务目标： 1.累积财富 2.退休金规划 3.结婚基金 4.自我进修基金 5.旅游基金	**20~30岁**	注意： 1.高保费，保障却不足 2.保费不超过收入的十分之一

▲举例：单身贵族保险规划（以日文の字的顺时针方向填写）

初阶——寿险：	进阶——意外伤害险：	进阶——医疗险：
定期/终身寿险	意外伤害险	1.住院医疗险 2.防癌险 3.失能险 4.失能保险豁免附约
投保原则：		**高阶——理财用**
1.买足初阶与进阶保障 2.用加保或换约方式来节省保费 3.先买自己的，再买孩子的	**结婚筑巢 保险规划**	1.月光族可用储蓄险来强制储蓄 2.投资型保单
财务目标：		**注意：**
1.购房/购车基金 2.子女教育基金 3.旅游基金 4.退休金规划	31~45岁	1.家庭主要收入者保障要够 2.保费不超过收入的十分之一

▲举例：结婚筑巢保险规划（以日文の字的顺时针方向填写）

初阶——寿险：	进阶——意外伤害险：	进阶——医疗险：
终身寿险	意外伤害险	1.终身住院医疗险 2.防癌险 3.失能险 4.失能保险豁免附约 5.重大疾病险 6.长期看护险 7.递延/即期年金险
投保原则：	**养育子女 保险规划**	高阶——理财用
1.部分保险换成储蓄险 2.医疗保障要足够		1.月光族——储蓄险 2.投资型保单
财务目标：	46~60岁	注意：
1.购房/购车基金 2.子女教育基金 3.旅游基金 4.退休金规划 5.节税		1.高资产者可用保险节税 2.保费不超过收入的十分之一 3.缺钱时可用"减额缴清"或"展期定期" 4.父母帮孩子投保时可运用"豁免保费"，可避免父母失能时交不出孩子保单的保费

▲举例：养育子女保险规划（以日文 **の** 字的顺时针方向填写）

初阶——寿险:	进阶——意外伤害险:	进阶——医疗险:
终身寿险	意外伤害险	1.终身住院医疗险 2.防癌险 3.重大疾病险 4.长期看护险 5.即期年金险
投保原则:		**高阶——理财用**
1.退休前缴完所有保费 2.年金险为主	**退休阶段 保险规划**	1.月光族——储蓄险 2.投资型保单
财务目标:		**注意**
1.旅游基金 2.退休金规划 3.节税 4.移转资产	**60岁以上**	1.退休前偿还所有债务 2.缺钱时可用"减额缴清"或"展期定期"

▲举例: 退休阶段保险规划（以日文**の**字的顺时针方向填写）

第十章

其他形式的运用

一、疗愈心灵的曼陀罗彩绘

瑞士心理学家容格对曼陀罗很有兴趣，填写曼陀罗时他主要关心的焦点一方面来自容格自己的个人体验，另一方面是他治疗精神病患时获得的想法。容格对于曼陀罗的结论是：可以调和处于对立状态下的炽烈纠葛，可以再度整合已经瓦解的秩序，或许是让精神病患与世界达成和解的最有力手段。

曼陀罗为观察宇宙大自然而来，借由绘制大自然中具有圆形与放射形状特征的物体，在绘制过程中达到安定身心的效果。借着填上色彩、通过选色与色块比例进一步解析内心的想法。

运用彩绘曼陀罗进行心灵疗愈属于一种艺术治疗。日本的正木晃教授以曼陀罗绘画方式，研发出一系列几何式的曼陀罗图形，在《曼陀罗心灵彩绘》一书中也列出多款设计稿，供读者自行影印彩绘使用。另可参考美国作家玛莎·巴特菲德所著的《神奇的曼陀罗：心灵舒压彩绘书》（北京联合出版公司）。

艺术治疗的表达，常运用心象做思考。此种心象思考，属于直觉式的思考方式，往往能透露潜意识。在日本与西方国家曼陀罗绘画用于精神病患与一般民众，让曼陀罗成为一种探求身心状态与内心世界的工具。[①]

我是一个脑力训练教练，曼陀罗彩绘属于心理学中的艺术治疗层面，我因并非这方面的专家，不方便随意发表意见，避免误导，建议想了解的人，请务必咨询具有心理咨询师执照的艺术治疗人员的意见。

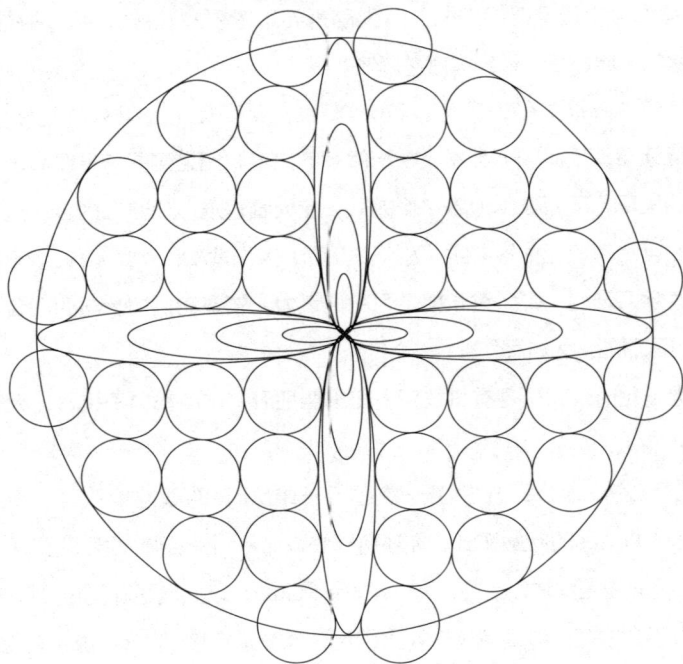

▲艺术治疗曼陀罗图

---

① 艺术治疗领域里有各种不同的理论及取向，它是一种结合创造性艺术表达和心理治疗的助人专业。艺术治疗是利用视觉艺术帮助人格统一或再统一的尝试。通过艺术媒介，借助视觉心象的创造性艺术表达，反映与统一个人的发展、能力、人格、兴趣、意念、潜意识与内心的情感状态。

二、电子化时代的曼陀罗软件

英国剑桥附近的桑格研究所研究小组证实："神经突触决定大脑聪明与否，突触是大脑中最重要的部分。"大脑需要思考引发刺激才会形成神经突触，对大脑的刺激越多，神经突触越紧密。

英国《每日邮报》在2011年1月16日发表一篇美国研究结果，指出民众使用电子书阅读器，反而较不容易吸收所阅读的内容，因为这些信息以清晰易读的简洁格式呈现，反而鼓励大脑"偷懒"，使大脑较难记住信息内容。这和字体的易读性可让阅读者更容易学习和记住的传统认知截然不同。研究结论就是"提高资料学习难度，可增进长期学习和记忆力，较多的认知参与活动会引导人们迈向更深层的学习过程"。

但在电子化时代，总是有科技狂人提出要把所有东西都电子化，连大脑的思考也要电子化。

今泉浩晃的设计公司开发了一款适用于iPhone的曼陀罗软件Mandal Art，可以在iTunes的网站买到，你还可以在iTunes上找到其他曼陀罗软件。Android系统的曼陀罗软件目前只有一款Mandala9，以上通通都是日文版本。

我个人不会去买这些曼陀罗软件来使用，我都是直接用Excel或是Word的表格来制作曼陀罗九宫格。就如同我一直强调的观念——用计算机软件来绘制曼陀罗九宫格只是求一个存盘和传送方便，对大脑的刺激与帮助远远不如亲自用手绘制。

关于学习要厘清几个常见问题

一、我想要提高学习能力，要从何开始

想要有好的学习效果，建议大家先建立四个学习观念：

1.为你的学习花钱

从接受者的心态来说，不花钱的学习不容易被珍惜，他们很容易因为天气不好、心情不好、身体不好等因素就放弃学习。

从给予者的心态来说，为什么别人花费很多时间进行研究，却免费告诉你研究的结果呢？除非给予者不靠这个谋生，否则很多不花钱的学习只能教你皮毛而已。

"使用者付费"才是让社会长长久久运作的道理。即使免费课程是政府拨经费所办的，那经费其实也是来自我们纳税人每年所缴纳的税金。

再说，在强调知识经济、强调软实力的时代，付费学习才能让"知识经济"真正发展起来。

2. 养成固定阅读的好习惯，一定要"买书"，而不是在书店翻书或是到图书馆借书回家看

一本书是作者用数年甚至数十年的大量经验，经过努力研究整理后，浓缩成的几百页文字。这样一本精华只需两三百元就到手了，只有买书你才会珍惜书中的知识，才会反复阅读，深入分析作者的想法。

如果只是在书店翻翻，或是从图书馆借回家看，常常只是囫囵吞枣地学习，多数仅是理解在曼陀罗笔记法中所提到的阅读的第一和第二层次，而缺少第三和第四层次的深入思考。

阅读的另一项好处就是随时随地都可以学习。但阅读不一定要通过书，我常常讲："每个人都是一本书。"通过书面文字的理解训练，渐渐地我们就能进步到具备阅读"人"的能力。

3.《商业周刊》《天下杂志》，各种财经周刊一定要看

阅读是有时效性的，科技翻新快速，很多事情过去是对的，可能现在已经变成是错的；过去无法以科学证明的，已经一一被证明了。如果我们还是去图书馆翻阅旧书籍，那难怪我们的脑袋跟不上时代。我认为通过阅读台湾地区最棒且最有深度的实时性周刊，可以帮助我们马上更新脑中的资料。

《商业周刊》《天下杂志》的报道比较全面，我推荐各种财经周刊是因为通过各种财经上的变化，我们可以认识全世界。就像若没有油价飙涨的现象，很多人一定不知道非洲的利比亚原来可以影响全世界。

那么，旧书就没有阅读价值了吗？当然不是！

若书中讲述的观念是恒久不变的道理、价值观，当然可以看。例如，孔孟思想等等。

再说，根据纽约哥伦比亚大学调查1000多位65岁以上的老人，分析他们所从事的休闲活动，结果发现，阅读杂志或报纸可以使罹患失智症的风险降低50%。

此外，最好能打破自己的阅读喜好。老是看同样类型的杂志、书籍，无形中限制了获取情报的来源，所以应尽量多阅读和自己领域无关的读物，例如，男性尝试购买时尚、健康生活类杂志，吸收平常较少接触的信息，增加大脑新鲜感，更有助于他们了解社会趋势，产生创意。

4. 固定上课、听演讲

多多阅读，是因为看书是吸收数据最便宜的方式，但看书毕竟只涉及自己的逻辑理解，而缺少老师的深入解说。若对某一领域相当陌生，或是想要深入理解该领域的各种关键，最省时、最有效果的方式就是上课或听演讲了。

上课或听演讲一定能获取跟自己看书不一样的效果。一般知识性的课程，自己看懂或听懂就够了。技能类、方法类的课程，看懂或听懂不代表自己就能够做得好，最好有老师在旁确认是否已做到正确的动作或是正确地进行练习，这样才能达到理想的效果。这一类的课程，你一旦去上课或听演讲，一定能获取跟看书不一样的效果。

二、为什么看过书却讲不出内容

有个学生曾问我：我看书没有问题。在讨论时，别人所描述的书中内容我曾看过，但就是讲不出来，没有办法像其他人一样侃侃而谈，我到底应该要怎样提升自己的表达能力呢？

阅读是输入，表达是输出。造成这个问题的原因有两个：

1. 以为自己看过就算了解书中的内容。实际上这是一种假懂的状态，因为只是了解文字表面的意思，所以在讲述心得的时候，大家只会在脑中不断地搜寻书中作者所用的文字，却没有办法抓住几项大重点将它们用自己的文字语言或方式进行描述。

很多人说自己看过书后都忘了，但是别人一讲就想起来，这种情况很多都是因为不懂得从阅读中抓出作者所要表达的重点而导致的。

阅读不仅仅是让我们学会认识字、懂得字义而已。很多人对阅读的程度停留在学校考试的阶段，以为把文章内容背下来，懂得引用作者的文字，就算是阅读。

但是，掌握文章的含义，才算是阅读到了精髓。

实际上，阅读是让我们了解作者的想法，并把作者的想法跟自身的生活经验结合在一起，然后在生活中去实践或是运用作者的想法。

表达的时候，可以讲述你心中特别有感觉的部分，这才是最动人的部分。如果你只是把书中的内容述说一遍，除非你是与从未看过这本书的人分享，不然对方应该会觉得你在浪费他的时间。

2. 不习惯在众人面前表达自己的想法。大家总是认为要把内容准备得很完美，才能讲给别人听，所以没有自信，一直以为自己的表达能力有问题。

我对提出这个问题的同学了解不深，无法得知造成他的问题的原因到底是哪一点，于是我先假定他的问题出在第二点（因为大多数人恐惧上台就是因为这个原因）。

于是我把他当成是魅力演说与简报课堂上的学生，请他试讲一小段他心中本来想要讲的内容，果然他的问题根本不是说话内容的问题，而是他不习惯上台讲话，所以一直觉得自己的表现不够好。

这件事情让我想到人有时候过于依赖自己过去的经验，而忽略了每一项专业都是练习得来的。

有好几次，在下课后总有人会跑来跟我说，老师课讲得很好，简单易懂，而且很有道理，我每次都回答：那是因为我很爱讲话啦！多讲几次你也会讲得很好啊！但我总从对方的眼神中，了解到他根本不相信这句话。（各位，这是真的，一定要相信我啊！）

举个亲身的实例，应该就可以让大家相信，上台讲话，把课讲得生动活泼有趣，真的是练习得来的。

我在接受某个电台的采访时，主持人并没有先说会问什么题目，只跟我说大概会问哪一个方面的问题，主持人一问，我一答，我也被告知虽然这是录音，不过他们希望一次完成，不要重录或剪辑，所以我必须一直讲话不能有中断。

结果开始录音的时候，主持人一问完，我必须马上讲话，因为是面对麦克风，并不像平时上课那样有真实的学生可以互动，而且又不能中断，要一直不停地讲话，采访的十几分钟内，我全程战战兢兢，内心相当紧张，脑中不断地思考要讲什么。

说真的，录音结束后，我根本不知道自己讲了什么内容，脑中一片混沌，嗡嗡作响了30分钟之久。

当然，主持人是相当资深而且专业的，针对我所回答的内容，他总会很快地做一点点总结归纳，以弥补我的"语无伦次"。

我想，像我这种来宾应该很多吧，因此造就出主持人现在的功力。

真的是隔行如隔山，我习惯面对人讲话，但是要我面对着麦克风讲话，缺少了肢体语言的表达以及与观众眼神的交流，我还是要多练习一下，调整自己的讲话方式，让看不到我的听众也能很单纯地通过声音了解我想表达的意思。

俗话说："台上十分钟，台下十年功。"各行各业都有专业，多练习就会变成专业。

我常跟人家说：我不是一个老师，我是一个教练！因为我所教授的内容，都是可以被用来实践的方法，如果只是教授一个理论或观念，却没有可以用来实践的方法，那等于是浪费我和学生的时间。

所以，上完课后，听懂观念，也要付诸行动去实践，这样才不会浪费时间，才能有所收获。

三、怎么提升阅读理解力

我们现在先复习一次下方这张图，然后再解说提升理解力的步骤。

考试通常都是考第一和第二层次，很多人对这部分的掌握也不会有太大问题，你可以通过各种做笔记的技巧，多多整理笔记就可达到掌握它们的目的。

而第三和第四层次，牵涉到你自己对背景知识有多少了解，通过画思维导图或是曼陀罗能很容易引发出这两个层次的想法。不过，若是没有习惯进行或是怎样都达不到第三和第四层次思考的人，就要通过阅读后的分享来实现这两层的思考。参加一个大家水平都差不多，整体水平又比你好一点的读书会，会对你很有帮助的。

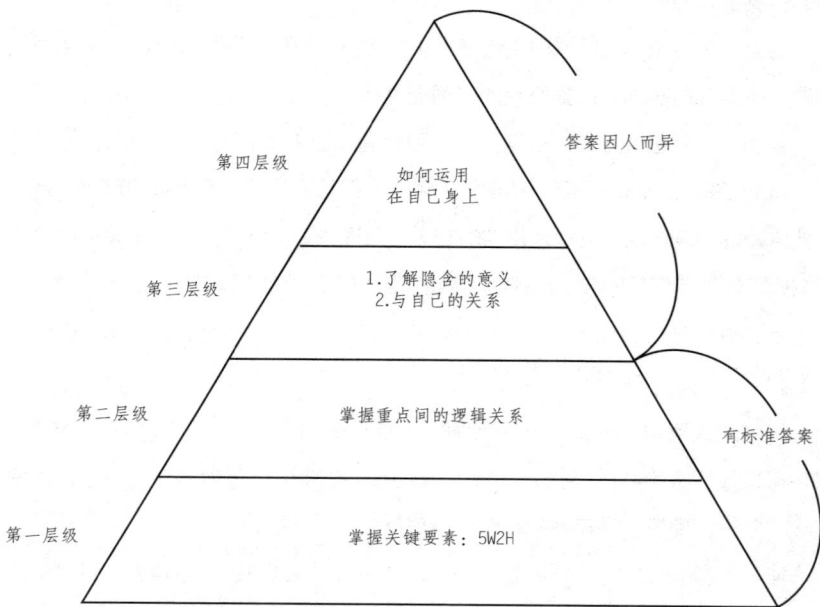

第四层级　如何运用在自己身上　答案因人而异

第三层级　1.了解隐含的意义　2.与自己的关系

第二层级　掌握重点间的逻辑关系　有标准答案

第一层级　掌握关键要素：5W2H

▲思考事情的四个层次

四、坊间盛传的错误的大脑测验法之一

德国有个女孩天生只有左脑，但双眼都能看得见。很多人觉得很神奇：怎么可能？右眼不是左脑管的吗？沒有左脑为什么右眼看得见？会这么惊讶的人，多数受到过去某些所谓右脑开发的商业论调影响。

手伸出来比个OK的手势，拇指和食指围起来的圈圈尽量小一点。两只眼睛一起通过小洞看远方的某个小东西，保持眼睛能看到那个景物的状态，慢慢把双手收到眼前。如果双手的小洞最后靠到左眼，那你的惯用眼就是左眼。

或是双眼先通过小圈圈看纸上的一个字或是远方的景物。接着轮流闭上左右眼，若是只用右眼看，就能看见和双眼一样的景物，那么你的惯用眼就是右眼。

或是我们闭上右眼，用左眼望向远方某物，用拇指把该物遮住，然后睁开右眼，若你发现该物移动了，无法以拇指遮住时，就表示你的惯用眼是右眼，同样测试一下左眼。若两次该物都移动了，请看一下哪一只眼被遮起来再用双眼看时物体移动的距离比较多，就表示惯用眼是那一只眼。

认为右眼的控制是在左脑，左眼的控制是在右脑，找出你的惯用眼是左眼还是右眼，就能知道你是左脑好还是右脑好，这个论点其实毫无科学依据，只是过去某些讲右脑开发的书籍曾提到这个测验方法。

对于大学生物学有研究的人会发现，少了半个脑却双眼视力正常，这是很有可能发生的事情。

下页这张图可以看出实际上正常人的视神经，不管是左眼或是右眼都是同时连接到左右脑的。

惯用眼根本不能当作测验左右脑发达的依据，顶多只是影响两只眼睛哪只会近视程度比较深而已。

两个大脑中间有个胼胝体，会不断地把左脑正在做什么事情告诉右脑，让右脑也产生反应（反之亦然），然后大脑整体再做出反应，所以根本不可能单独只训练左脑或只训练右脑，从小到大，我们的头脑都是左右脑同时同步运作。

所以只有大脑的使用效率不高的问题需要解决，没有大脑还有多少部分没有被使用的问题，因为人体不会长一个光消耗能量却不工作的器官。

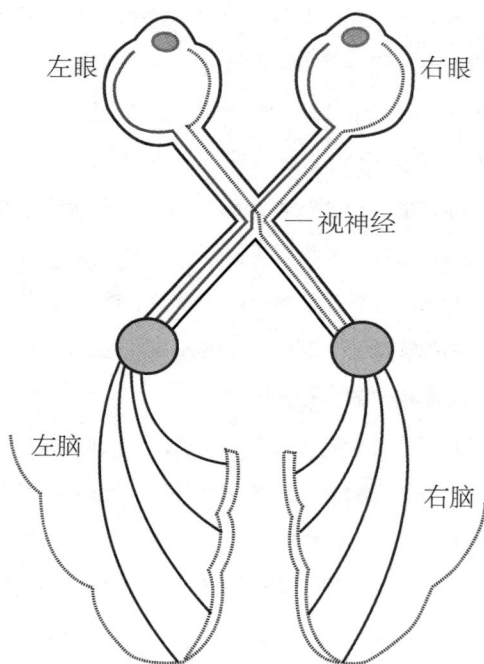

▲左右眼与左右脑连接示意图

五、坊间盛传的错误的大脑测验法之二

人类大脑对"色与形"的直觉反应，是先"形"，还是先"色"？

你可以在家里试试看，用彩色笔由上到下依序写出左列文字，请用黄笔写出"红"，蓝笔写出"绿"，黑笔写出"蓝"，红笔写出"黄"，绿笔写出"黑"。或是把下列文字，依照上面所给的建议，依序填上颜色。

红 绿 蓝 黄 黑

接着，看着你自己写出来的这些字，照顺序念出所有的文字，再照顺序念出所有的颜色。

右脑负责颜色辨认，左脑负责文字辨析，原则上看颜色比看文字的反应要快，是先色后形，即"史楚普效应"（stroop effect）。这是美国实验心理学家约翰·里德利·史楚普在1935年提出的。

也就是"绿"字，右脑会更快辨别出蓝色。

这是指"看"颜色。如果要"念"颜色，那就不一样。

我们能快速念出字的意义，是因为"认字""写字""阅读"的过程，我们已经练习过上千遍，变成了自动化历程，所以当改成要念"字的颜色"时，"字义"就会干扰我们的认知，使得我们的反应时间加长。

坊间却有些一知半解的人，用史楚普效应来测验一个人是属于左脑好，还是右脑好。

因为"念"颜色的速度受到左脑字义的干扰导致反应变慢，就断定某人是一个左脑比较发达的人，就有点妄下断语了。

不管是左脑还是右脑，它们同时负责多种处理工作，不能光靠一个测验就以偏概全地论断这个半脑比另外一个半脑发达。

实际上这个实验是可以通过训练而让结果更佳。只要你自己写几个练习题，然后常常"念"，下一次测验，你就能"念"得更顺口。

现在，让我们进行另外一个实验，请你把右手臂举起来，手臂横摆在胸前然后往前画圈，持续这个动作后，然后把左手臂举起来，左手臂横摆在胸前然后往后画圈。你有没有发现，好像没有办法一手往前画圈，一手往后画圈？如果可以做到的人，请你保持右手往前画圈，左手往后画圈，然后马上转换成右手往后画圈，左手往前画圈，是不是一样动作流畅呢？

我们人体只有左手左脚的动作是由右脑控制，右手右脚的动作是由左脑控制，其他部分像是头与躯干都是左右脑共同控制，所以上面的转圈实验仅能测出你的左右脑对于肢体的控制能力，无法用这个实验来测试你的左右脑思考能力好不好。这个实验一样是可以训练的，平时多做几次，你就可以达到流畅的转圈与换方向转圈的动作了。

我相信如果你真的好好练习上面的实验，也获得更好的测验结果了，到时你会更怀疑，自己的另一个半脑真的因此变得比较发达吗？

实际上我们的所有行为与思考是每时每刻由左右脑一起共同运作的结果，没有办法只训练右脑或是只训练左脑。

1 关键人物分类表——能力分析

通过此步骤我们能了解到"谁是能帮助我们能力提升的关键人物"，所以在第一层次周围的8个格子中，各自填入不同领域能帮助你或是影响你的关键人物，标注这位关键人物的身份并简单描述能帮助你提升的能力。

【举例】 关键人物分类表
（把自己放在正中央，列出影响自己的关键人物）

萧准备 （同事） 教我如何准备 资料	赵步芳 （同事） 分享美食信息给我	陈有力 （部门主管） 影响我的考绩
天强 （同事） 教我计算机操作	**帮助王小明 能力提升的 关键人物**	张时鹜 （隔壁部门的主管） 教我服装穿着
王有钱 （同事） 教我理财知识	李八未 （同事） 告诉我办公室 八卦	刘历害 （组长） 指出我的错误

・ 1 ・

练习 1：

能让你的事业更上一层楼的关键人物

2 人脉分类表——个性分析

【举例】人脉分类表——个性分析
（列出自己的人脉，以及他们的主要个性）

大林 （朋友） 幽默、暖爱、开朗	小天 （大夫） 严谨（一眼、认真、暖爱、善良	王有银 （同事） 严肃、不多话、不暖爱
大强 （同事） 爱夜店、爱旅游、爱讲冷笑话	王小明的人脉 ——个性分析	李小卦 （同事） 爱讲八卦、啰嗦、幽默、认真
贾英俊 （同事） 爱买名牌、爱天真、不爱笑	庄可爱 （社团朋友） 善良、喜欢有毛的小动物、喜爱爱、开朗、认真	吴正义 （同事） 爱抱不平、开朗、严肃、善良

练习 2：

你想了解的客户 / 朋友的个性分析

3 未来人脉表

从"关键人物分类表——个性分析"延伸至未来，先思考未来自己想具备什么能力，然后标注谁是你想要认识或学习的对象，以及通过什么渠道可以帮助你认识他或向他学习。

【举例】未来人脉分类表
（写的时候顺序不拘）

增加EQ能力： 林志玲 多留意她上电视的谈吐	增加阅读能力： 朗雅梅老师 多练习老师教的方法	创业能力： 创业成功的老板 多看着作与报道的
沟通能力： 王育梅 尽量多约他一起吃午餐	王小朋的 未来人脉	深入阅读能力： 爱读书的朋友 参加"从书中找到快乐人生""读书会
理财能力： 懂理财的朋友 多看理财节目与讲座，多跟懂得理财的朋友聊聊	投资能力： 财经专家 多看财经新闻	舒压能力： 认识新朋友 多参加静坐活动

练习 3：

分析你未来想取得什么成就，有什么人能帮到你

4 职业规划

不需要依赖别人提供的分析表格，我们也能用九宫格思考法来进行。这里运用了三种模式，也可以参选用本书提及的曼陀罗的其他模式进行自我解析与审视。

【举例】 自我解析与审视

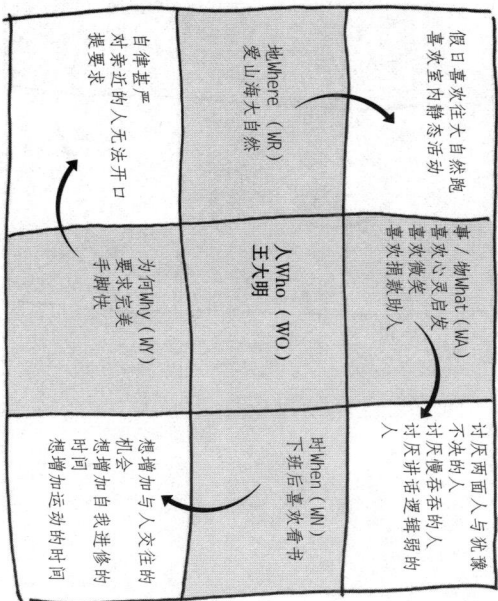

假日喜欢往大自然跑
喜欢室内的静态活动

事/物What (WA)	
喜欢心灵启发	讨厌两面人与就嫁
喜欢模块	不洗澡的人
喜欢捐载助	讨厌模吞吞的人
人	讨厌讲话逻辑弱的

地Where (WR)
爱山海大自然

人Who (WO)
王大明

时When (WN)	
不班后喜欢看书	想增加与人交往的
	机会
	想增加目我进修的
	时间
	想增加运动的时间

自律甚严
对亲近的人无法开口
提要求

为何Why (WY)
要求完美
手脚俐快

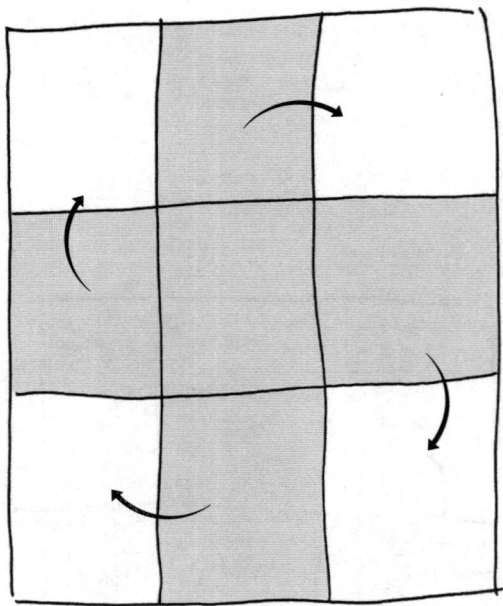

练习 4：
自我解析与审视

【举例】王大明的自我分析

专长 运动　分析　逻辑　电脑	**缺点** 不爱求人　爱说教	**优点** 善良　不占人便宜　不贪小便宜
活动 看电视　聊天　看书　陪小孩　健行	**王大明**	**目标** 让孩子做作业　增加进修机会　减少加班　孩子快乐　夫妻感情好　生活轻松
性格 自律甚严　爱憎分明　动作快　要求完美　急躁	**爱好** 喝茶　聊天　看书　看海　健行	**期待** 父母高寿　孩子孝顺　捐赠遗产

练习 5：
全画分析自己

【举例】 认识自己的价值观

审视价值观时，请依照表格内的八种价值观填写会带给你快乐、带给你满足感、带给你快乐的欲望。

人际 想交朋友 想要爱人	食物 想吃美食	物质（金钱） 想过富裕生活 想要独占一个房间
爱（感情） 喜欢被人喜爱的感觉 想被别人需要（帮助） 想结婚，想要小孩	我的价值观	名誉 想要表现自信 想要被肯定
知识 想要更聪明 想要更有学问 想要理解力更强	健康 希望永远年轻 希望不生病	创造（事业） 想要有成功的喜悦 想要创造一些事

练习 6：
我的价值观

【举例】怎样挑选一位好老师／如何当一位好老师

怎样挑选一个好老师／如何当一位好老师

- 持续不断地投入在该领域的研究，并不断更新教学内容
- 不断进修其他相关领域，并导入自己的教学内容
- 愿意更新自己的教学技巧
- 把学生取得学习成果当成是自己的教学目标，不让学生自生自灭
- 不断研究如何让各种学生都能学得很好
- 不会光有硕士博士学历，却鲜少有实务上的经验
- 不会老是提自己的当年勇，而是会让学生青出于蓝而胜于蓝
- 上课重视与学生的互动，不会让学生觉得上课很无聊

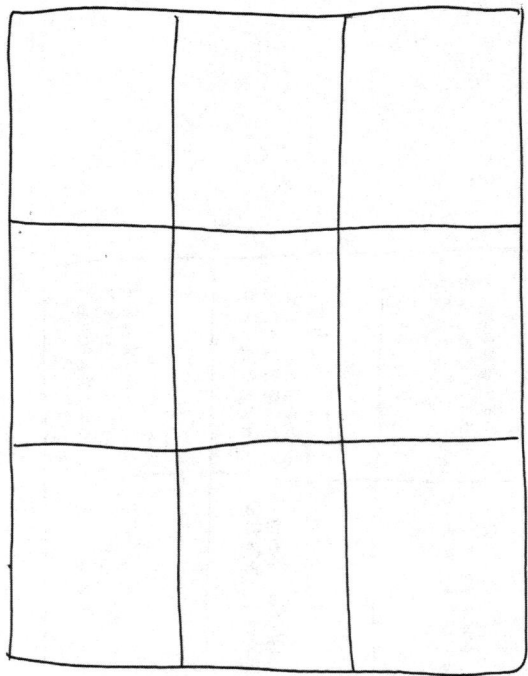

练习7：
如何正确地中国绘画

5 目标设定分析

写计划就是要写出具体的行为，这里我在（　）内也列出"非具体"的目标作为比较，让大家清楚什么才叫作"具体"的行为。

【举例】未来三年内做到孩子眼中的"好父母"角色
（以日文の字的顺时针方向填写）

每天告诉孩子一件他做得很好的事情（培养孩子的荣誉感）	针对孩子的生活习惯做出严格规定（培养良好家教）	即使假日也要让孩子晚上十点前上床睡觉（帮孩子健脑）
每天睡前让孩子检查书包才能睡（让孩子不会丢三落四）	好父母角色	每天准备五谷杂粮早餐（给孩子提供均衡营养）
每周六晚上让孩子与爷爷奶奶相处（让孩子学会孝顺）	每周日晚上两小时全家阅读，不准任何人看电视（培养孩子的阅读习惯）	每天孩子念书时，自己也要在旁边看书，不准任何人看电视（培养孩子的阅读习惯）

· 15 ·

练习 8：
未来做到好朋友角色

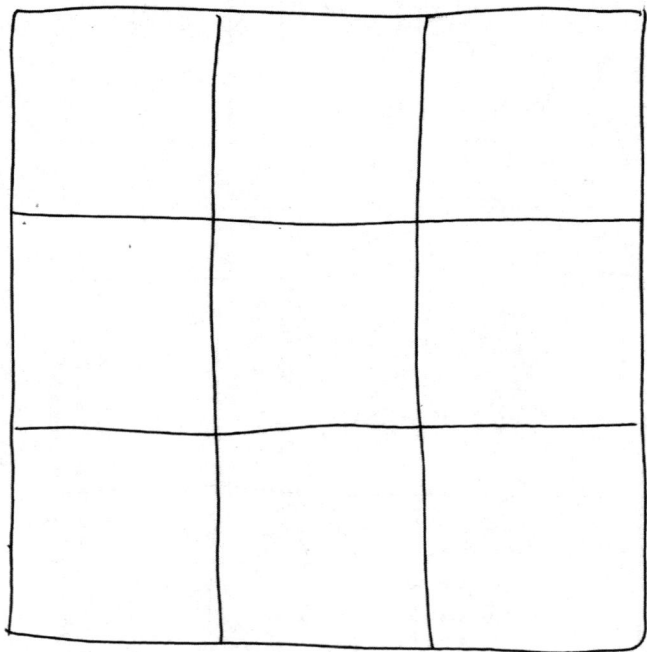

好下属角色

好主管角色

练习 10

未来三年内做到主管眼中 "好下属" 的角色

【举例】 一定要实现的新年新希望

六月： 规划父亲节礼物	七月： 考全民英检高级	八月： 规划周年庆购物清单	九月： 排出半年的运动计划
五月： 1.全身体检 2.购买夏季服饰			十月： 1.牙齿检查 2.联络好友聚餐 3.年度购物
四月： 牙齿检查	新年愿望		十一月： 1.享受假期 2.审视投资结果
三月： 规划母亲节礼物	二月： 1.排出半年的运动计划 2.列出每月书单	一月： 1.过年年货采购 2.捐赠旧衣物	十二月： 1.规划明年愿望 2.规划过年打扫 3.规划明年自我进修计划

练习 11：
填写自己的新年愿望

六月：	七月：	八月：	九月：
五月：			十月：
四月：	新年愿望		十一月：
三月：	二月：	一月：	十二月：

【举例】 公务员资格考试的准备工作

一定要通过公务员资格考试的读书计划

2
1. 确定考试类别
2. 确定考试科目
3. 搜集历届考题
4. 搜集出题类型情报
5. 搜集最新公务员考试变革情报
6. 搜集最新公务员考试变革情报

3
通过上网咨询或补习班搜集过来的成功与失败经验，集点放在各备考策略与读书方法上

4
1. 依据自己生活惯性去确定复习时间的备考经验
2. 制订自己的备考策略
3. 每科挑选一本教材通读就好，念得不如念得熟。

5
1. 依据自己对该科目的熟悉程度，做适当的读书方法
2. 定下自己的每一科读书行程
3. 研究各科目出题机率，以分配读书时间
4. 不熟的考科要先精读理解

6
1. 一定要自己课写每一科的笔记，不要求快，但求彻底理解
2. 结合全国像纪的方法、缩短时间与减少复习次数
3. 读书记得久，缩短复习时间就写考题或整理读书记得久。做笔记

1
一定要通过公务员资格考试的读书计划

7
1. 由应考日往前回推，依据自己的生活习惯去安排可能做到的读书进度时间表
2. 全程每生读书进度基本量定每天应考书基本是90小时
3. 拒绝三个月应考生活社交活动
4. 考前三个月应集中在复习

8
1. 以成绩来统，参加其他考试的相同科目，熟悉考试氛围
2. 考前与自己考前，与自己考前
3. 考前一个月浏览今年的重大时事议题

一年读30本书阅读计划

6

7

8

5

1

4

3

2

练习 12

一年读 30 本书阅读计划

6 时间管理与日程表规划

【举例】 可以在 5 ~ 15 分钟内做完的生活琐事

1.哼唱几首喜欢的歌，背背歌词 2.帮自己化个妆 3.擦护手霜并按摩双手 4.偷看周遭的人在做什么 5.观察周遭的人穿什么颜色衣服的人最多 6.画出周遭的人的脸	展望未来	1.做放松肌肉的伸展运动 2.到窗边看风景，再做几个深呼吸 3.看短篇文章 4.浏览今日的重大新闻 5.把所有的镜子、玻璃、屏幕擦干净 6.清洗马桶 7.重新思考本周行程
纯属娱乐	**5~15分钟的琐事**	与人互动
1.把回收纸裁切成便条纸 2.写下今天的赞美日记 3.写下今天要感谢的事 4.拆开所有账单信封并整理 5.删除过期的电子邮件 6.删除不用的计算机文件 7.为自己手冲一杯好咖啡或一壶好茶	回顾过去	1.写问候卡片给朋友 2.事先将所有空白信封都写上寄件人地址

练习 13··
早起 30 分钟可以做的事

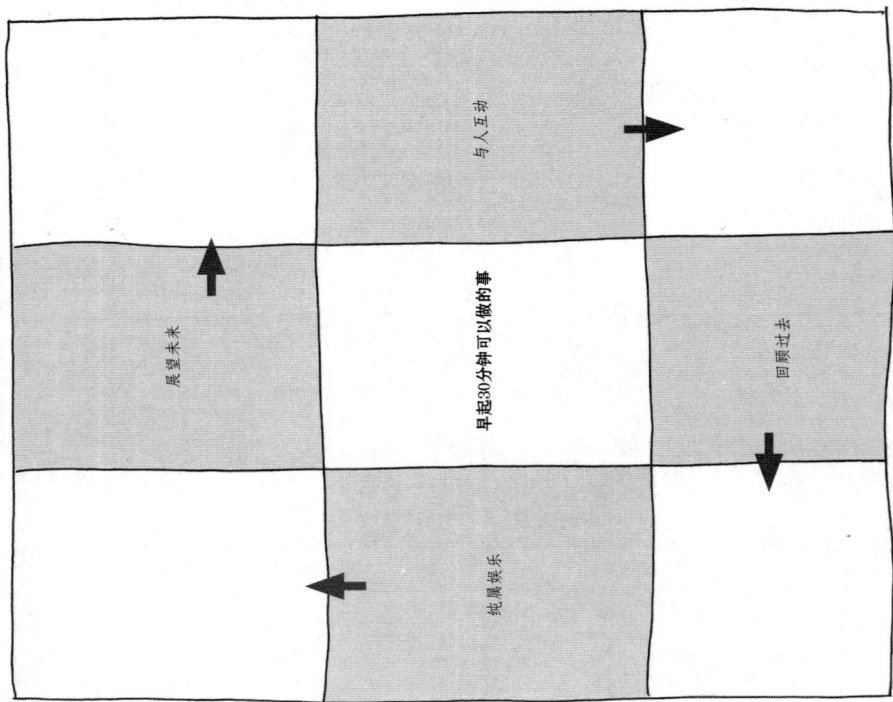

展望未来

与人互动

早起30分钟可以做的事

纯属娱乐

回顾过去

此日计划表只写每日工作时间内需要做的事情，将公事与私事完全分开。

【举例】2016 年 3 月 9 日（三）的日计划

PM 12:00 （11:40~12:30 扩大宣传） （12:30 出发 → 扩大	PM 2:00	PM 3:00
AM 11:00 午餐	2016 年 3 月 9 日 （三）	PM 4:00 交给上周出差报告 完成下个月行程调整 约小星一起吃午餐
AM 10:00 10:00~10:50 报送主末冶	AM 9:00 准备财务进行审计	PM 5:00 协助会计结账

练习 14：
工作上的日计划

15~17点	17~19点	19~21点
13~15点	年 月 日	21~23点
11~13点	9~11点	备注：这里可以记账、记所见所闻、写日记等

2016年3月9日（三）

时间		
11点 午餐	13~15点	15~17点
12:30 出发 →铺大	13:40~15:30 铺大诊疗	16:00 前天上周患者报很差 完成下个月行程调整 约小三辈毕进午餐
12:40~15:30 铺大诊疗		17~19点 协助会计结账
10:10~ Bi保先生来汤	上班前	下班后
9点	第一本书	19:40~22:00 时间管理课为会 买猫粮、正主稿
准备PPT、德训		

练习 15

五一劳动节的日计划

年 月 日	上班前	9点	10点	11点	13~15点	15~17点	17~19点	下班后

【举例】虚转实——爱情

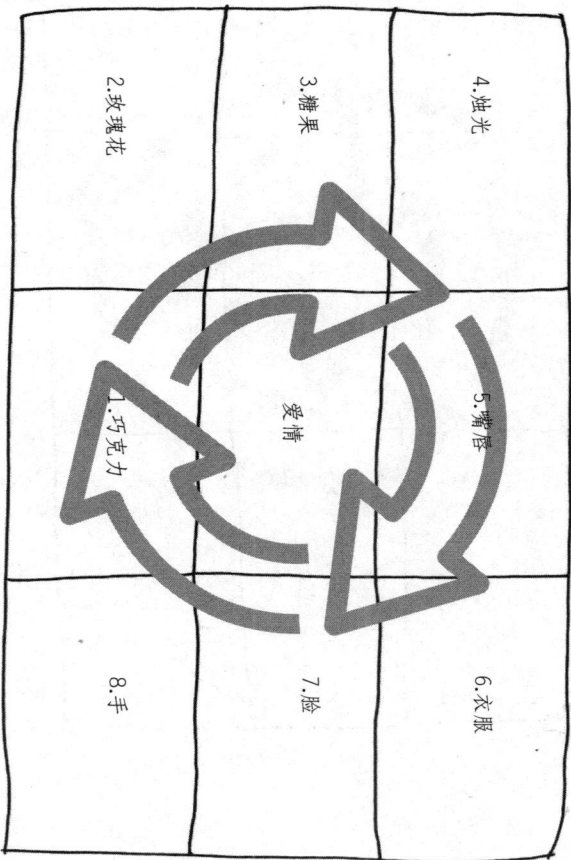

1.巧克力　2.玫瑰花　3.糖果　4.烛光　5.嘴唇　6.衣服　7.脸　8.手

爱情

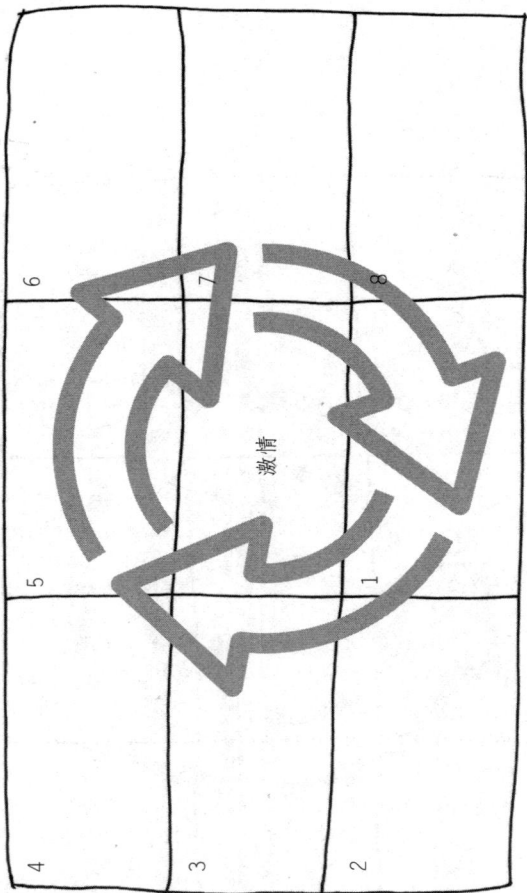

激情

练习 16：
虚转实——激情

【举例】 实转虚—巧克力

甜度	健康	爱情
颜色	巧克力	贴心
包装	运动量	疼痛

灯泡

练习 17
实转虚—灯泡

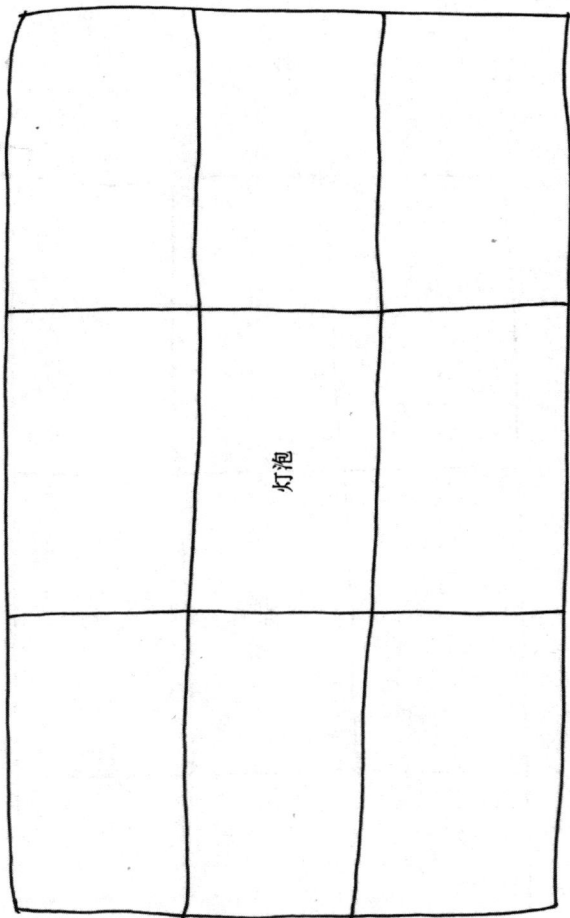

· 32 ·